「通古察今」系列丛书

胡进驻 著

中国古代高等级贵族陵墓区规划制度研究

河南人民出版社

图书在版编目（CIP）数据

中国古代高等级贵族陵墓区规划制度研究 / 胡进驻
著．—郑州：河南人民出版社，2022．5（2024．1重印）
（"通古察今"系列丛书）
ISBN 978 - 7 - 215 - 12923 - 8

Ⅰ．①中⋯ Ⅱ．①胡⋯ Ⅲ．①贵族 - 陵墓 - 等级制度 -
研究 - 中国 - 古代 Ⅳ．①K878.84

中国版本图书馆 CIP 数据核字（2022）第 023047 号

河南人民出版社 出版发行

（地址：郑州市郑东新区祥盛街 27 号 邮政编码：450016 电话：65788077）
新华书店经销　　　　　永清县晔盛亚胶印有限公司印刷
开本 787 毫米×1092 毫米 1/32 印张 5.125
字数 73 千字
2022 年 5 月第 1 版　　　　　2024 年 1 月第 2 次印刷

定价：52.00 元

序 言

在北京师范大学的百余年发展历程中，历史学科始终占有重要地位。经过几代人的不懈努力，今天的北京师范大学历史学院业已成为史学研究的重要基地，是国家首批博士学位一级学科授予权单位，拥有国家重点学科、博士后流动站、教育部人文社会科学重点研究基地等一系列学术平台，综合实力居全国高校历史学科前列。目前被列入国家一流大学一流学科建设行列，正在向世界一流学科迈进。在教学方面，历史学院的课程改革、教材编纂、教书育人，都取得了显著的成绩，曾荣获国家教学改革成果一等奖。在科学研究方面，同样取得了令人瞩目的成就，在出版了由白寿彝教授任总主编、被学术界誉为"20世纪中国史学的压轴之作"的多卷本《中国通史》后，一批底蕴深厚、质量高超的学术论著相继问世，如八卷本《中国文化发展史》、二十卷本"中国古代社会和政治研究丛书"、三卷本《清代理学史》、五卷本《历史文化认同与中国统一多民族国家》、二十三卷本《陈垣全集》，以及《历史视野下的中华民族精神》《中西古代历史、史学与理论比较研究》《上博简〈诗论〉研究》等，这些著作皆声誉卓著，在学界产生较大影响，得到同行普遍好评。

除上述著作外，历史学院的教师们潜心学术，以探索精神攻关，又陆续取得了众多具有原创性的成果，在历史学各分支学科的研究上连创佳绩，始终处在学科前沿。为了集中展示历史学院的这些探索性成果，我们组织编写了这套"通古察今"系列丛书。丛书所收著作多以问题为导向，集中解决古今中外历史上值得关注的重要学术问题，篇幅虽小，然问题意识明显，学术视野尤为开阔。希冀它的出版，在促进北京师范大学历史学科更好发展的同时，为学术界乃至全社会贡献一批真正立得住的学术佳作。

当然，作为探索性的系列丛书，不成熟乃至疏漏之处在所难免，还望学界同人不吝赐教。

北京师范大学历史学院
北京师范大学史学理论与史学史研究中心
北京师范大学"通古察今"系列丛书编辑委员会
2019 年 1 月

目　录

前　言

　　除去元代这类非常特殊的情形，中国古代自秦汉以迄明清两千多年间的包括帝王在内的高等级贵族陵墓制度，由于有比较明晰与完整的文献记载，同时又遗留有较为丰富的相关地面遗迹，所以虽然这期间的绝大多数帝王陵墓均未进行科学的考古发掘，但综合文献记载与一定的考古发掘和调查材料，对于它们的兆域选址、各个陵墓的具体营建过程、陵区的布局与成因，乃至全部丧葬制度，一般的轮廓均较为清楚。学术界过往的帝王陵墓制度研究大多集中在晚段。但中国古代的贵族丧葬制度，尤其是高级贵族的陵墓制度具有较强的传承性，不仅秦汉以迄明清的帝王陵墓规划营建的沿袭痕迹十分明显、制度传承力度较为强劲，就连秦汉帝王陵墓制度亦非无源之水、无本之木，它也是秦汉之前中国上古几千年高级贵族墓地制度连续不断发展的结晶。因此，借助考古发掘与调查资料，参考相关的传世文献与甲骨金文材料，佐以秦汉以后相对比较清晰的高级贵族墓地规划材料，对秦汉以前的若干典型高级贵族墓地规划制度进行一些梳理，不仅很有必要，而且对于认识秦汉及其以后帝王陵墓制度的渊源也大有裨益。今笔者欲借助考古学材料在内的诸种信息，通盘梳理自红山古国以至明清时期的中国高等级贵族（王、帝及诸侯）陵墓规划的基本情况，进而初步归纳出一些统领帝王陵墓规划布局的原则和制度。

一、红山文化晚期牛河梁坛庙冢

——上古高等级贵族陵墓区规划制度的发端

　　20 世纪 80 年代开始被发现、发掘与研究的辽西牛河梁红山文化晚期坛庙冢遗址群是一项非常重大的考古发现。[1] 学术界一般将其认定为探讨中华文明起源的早期关键材料之一。在牛河梁遗址群大约 50 平方公里的范围内，将遗址群最北端第一地点的女神庙、山台和上庙与遗址群最南端第十三地点的圜丘式"金字塔"建筑相联系，则形成一条大致呈西南—东北走向的曲折中轴线。[2] 而第十三地点与其西侧发现

---

[1] 辽宁省文物考古研究所：《辽宁牛河梁红山文化"女神庙"与积石冢群发掘简报》,《文物》1986 年第 8 期，第 1—17 页。

[2] 郭大顺：《中华五千年文明的象征——牛河梁红山文化坛庙冢》,载辽宁省文物考古研究所编：《牛河梁红山文化遗址与玉器精粹》,北

迄今红山文化等级第二高的贵族墓葬（即随葬玉人与玉凤的牛河梁第十六地点 M4[1]，其礼仪等级仅次于第二地点带冢台大墓）的牛河梁第十六地点及其东侧的牛河梁第十四、十五地点三处大致在同一条东西连线上。这条东西线与前述西南—东北走向中轴线成夹角相交，构成整个遗址群的骨架。[2]"女神庙与庙北方台的东西两侧各有两处积石冢，它们依轴线而左右对称。梁下圆台的东西两侧也各有一处积石冢，两者不仅对称，甚至距圆台等距。其余七处积石冢则顺坡势走向依次设置于女神庙与圆台之间。"[3]牛河梁遗址群诸遗址主要依凭西南—东北中轴线进行总体布局。[4]

京：文物出版社，1997 年 9 月第 1 版第 1 次印刷。

[1] 辽宁省文物考古研究所：《牛河梁第十六地点红山文化积石冢中心大墓发掘简报》，《文物》2008 年第 10 期，第 4～14 页。

[2] 辽宁省文物考古研究所编著：《牛河梁——红山文化遗址发掘报告（1983～2003 年度）》，北京：文物出版社，2012 年 11 月第 1 版第 1 次印刷，第 9 页图五。

[3] 王立新：《试论红山文化的社会性质》，载赤峰学院红山文化国际研究中心编：《红山文化研究——2004 年红山文化国际学术研讨会论文集》，北京：文物出版社，2006 年 6 月第 1 版第 1 次印刷，第 119~129 页。

[4] a. 朝阳市文化局、辽宁省文物考古研究所编：《牛河梁遗址》，北京：学苑出版社，2004 年 4 月第 1 版第 1 次印刷，第 3、6～7、

　　整个遗址群最北端是由规模宏大、结构复杂、功能极为重要且地位最为突出的上庙、山台与女神庙组成的第一组中心建筑。顺山势向南则是第二、三、四、五地点诸积石冢坛组成的第二组中心建筑。遗址群最南端是第十三地点的圜丘式"金字塔"巨型建筑。中轴线周围山岗上有积石冢环卫。庙区的西北梁上有第六、七地点积石冢，庙区以东有第八、九地点积石冢。第二组中心建筑与第十三地点之间分布着第十、十一、十二地点。第十三地点所在东西一线的东翼山顶为第十四地点石砌址、山腰为第十五地点积石冢，西翼山顶为第十六地点积石冢。牛河梁遗址群的布局情形表明，该遗址群是一个曾经通盘缜密思考并严格规划的整体，而非随意逐渐形成的结果。

　　遗址群南端正中第十三地点的"金字塔"位处南端的方位及其圜丘式的外形，很容易使其与晚期都城南郊祭天的天坛之类联系起来。虽然具体情况还可以再讨论，但牛河梁圜丘可能与祭祀天神一类的自然神

79～80 页；b. 吕学明、朱达：《重现女神——牛河梁遗址》，天津：天津古籍出版社，2008 年 1 月第 1 版第 1 次印刷，第 28～33 页；c. 索秀芬、李少兵：《红山文化研究》，《考古学报》2011 年第 3 期，第 301～326 页。

有关应是目前比较合理的推论。依照晚期的礼仪规则，可将第十三地点视为礼仪等级最高的地点。

中轴线北端处于女神庙与上庙之间总面积约 4 万平方米的山台，由呈"品"字形分布的三座方形台址组成。其处北的方位以及方形的建构，使其与晚期都城北郊祭地的方丘之类联系起来。而若进一步细分，则独处于北的方台可能相当于后来都城北郊祭地的地坛。其南两个并列的方台中，居西的可能相当于后来都城的社坛，居东的可能相当于后来都城的稷坛。山台北面的所谓上庙遗迹，可能属于坛祭崇拜场所附属的房屋类建筑。就如晚期的天坛、地坛与社稷坛等固然为露天的非房屋类建筑，但它们必拥有可供行礼或储藏神物与神具的有顶有墙的屋室。山台南面的女神庙出土有分别相对于真人三倍、二倍和等大，具有女性特征的人物泥塑像。其中三倍于真人大小的塑像处于主室正中，其余塑像分列两侧。关于这些泥塑女神像所象征的崇拜对象，学术界曾有过不少讨论，但并未得出十分一致的结论。有些学者认为这些泥塑女神可能是土地神[1]，也有的以为是祖先神[2]，皆有其道理。我们以为牛河梁女神庙祭拜的女神可能有类于殷人的简狄与周人的姜嫄，但具体礼仪地位又明显高于简狄与姜嫄，可能象征红山人记忆里保存下来的第一位男性先祖（类商之契或周之后稷）的生母；她既是祖先神，但也有地母的神格。红山这种地母女祖先神庙与地坛等紧邻而置的安排，可视作后来以王后或帝后魂灵配食都城北郊方丘地神的渊源。而这位男性先祖的"生父"则可能是"感生帝"，大约为没有具体形象的一类天神，故只能以巨大的牡器陶塔形器象征之，并以女神庙南侧独处尊位的南单室供奉并祭拜之。牛河梁女神庙北部大面积建筑部分，除去前述供奉女神的主室外，尚有六室，不排除其中也有一室是为供奉记忆里第一位男性先祖而设。第一地点的礼仪等级仅次于第十三地点，位居第二。[3]

[1] 张星德：《红山文化研究》，北京：中国社会科学出版社，2005年12月第1版第1次印刷，第88页。

[2] 吕学明、朱达：《重现女神——牛河梁遗址》，天津：天津古籍出版社，2008年1月第1版第1次印刷，第88～89页。

[3] 辽宁省文物考古研究所编著：《牛河梁——红山文化遗址发掘报告（1983～2003年度）》，北京：文物出版社，2012年11月第1版第

《周礼·春官·冢人》云:"掌公墓之地,辨其兆域而为之图。先王之葬居中,以昭穆为左右。凡诸侯居左右以前,卿、大夫、士居后,各以其族。"[1]牛河梁第一地点西侧有第六与第七地点,东侧有第八与第九地点,正南方有礼仪等级仅次于第十三与第一地点的第二地点,情形有类于《周礼》所言。第二地点正中有编号为三号冢的三重格局天坛式圜丘,我们以为它可能是红山古国王族独享的天坛,有别于第十三地点全天下共有的天坛。晚期的社稷崇拜自天子王都或帝都以至一般村落均有,但天坛与地坛崇拜只能在王都或帝都进行,其余地方城邑与村落皆不可有。红山王族独享一个"私家"天坛,是伊始阶段祭天权收归最高统治者的一个特别表示;进一步发展后,"私家"天坛将消失,而仅余第十三地点那样全天下共同景仰的巨型天坛,借以展示祭天权的绝对统一。祭天权(以都邑天坛作为最主要的标识)与祭地权(以都邑地坛作为最主要的标识)收归于王,可能是中华文明开始

1次印刷,第18页图一、第19页图二。

[1] 《十三经注疏》整理委员会整理:《周礼注疏·春官·冢人》,北京:北京大学出版社,2000年12月第1版第1次印刷,第667页。

的两个重要标志。于此，则第二地点可能是红山王族的葬所，可称作中国最早的王陵。具体言之，第二地点三号冢西侧紧邻的二号冢带冢台大墓可能埋葬的是红山古国"太祖"式的人物，类商之上甲或周之太王，附属少量陪葬墓。而二号冢西侧的一号冢与三号冢东侧的四号及五号冢则分别埋葬红山古国历代之王与其他高等级的王族成员。具体排布，可能是以"私家"天坛三号冢为核心，以东西对称的形式进行。牛河梁红山大墓以头东为主向，少部分头西，各积石冢内部的主墓一般在中部，等级较低的墓穴一般皆在主墓南边，似乎有尊右（以墓主本身的头东计，北侧为右）习俗。第二地点天坛西侧二号冢与一号冢的大墓规格明显高于坛东的四号冢与五号冢，是否为以坐北面南计的尊右（以坐北面南计，西侧为右），无法遽定。细分来看，天坛西侧距离坛体更近的二号冢的等级高于距离较远的一号冢，而天坛东侧距离坛体较近的四号冢的等级似乎也高于距离略远的五号冢。如此，则距离坛体的远近可能有较为严格的等级高低意义。[1]

[1] 辽宁省文物考古研究所编著：《牛河梁——红山文化遗址发掘报告（1983～2003年度）》，北京：文物出版社，2012年11月第1版第

牛河梁第十六地点"镇守"整个遗址群的西南角，其积石冢中心大墓 M4 规模宏大，随葬有玉人和玉凤等非常特别的礼器，礼仪等级仅次于第二地点二号冢带冢台大墓（即"太祖"墓）。第十六地点远离女神庙、山台和作为王族埋葬地点的第二地点，中心大墓又出土玉凤这种特别的物品，我们怀疑其可能为红山古国后族的埋葬地点，M4 墓主或为红山开国"太祖"之王后的生父，自然也就是红山后族的第一代族长。凤鸟晚期主要象征王后或帝后一类的高级女性贵族，但在早期其可能主要象征后族：既涵盖王后，也包含王后的父亲与兄弟等后族的主要男性成员。早期国家实际上多为族群的联合政体，其核心自然是王族，但后族的重要性仅次于王族，是早期古国存在和发展的基本力量之一，就如西周王国主要是依赖姬（王族）姜（后族）联盟建立起来的一样。王后有时候也不总是来源于一个族群，偶尔也会出自其他族群，这些其他族群可称为副后之族或第三等级的后族。我们怀疑"镇守"牛河梁遗址群东南角山顶的第十四地点或为红山古国

---

1 次印刷，图版三八、第 56 页图二。

副后之族的葬所，处于东南角山腰部位的第十五地点不排除是红山古国第三等级的后族之墓地。

介于第二和第十三地点之间的第三、四、五、十、十一、十二地点可能分属红山古国其他族群的葬所。第一地点东西两侧的第六、七、八、九地点的性质或许比较类同，可能皆为自红山王族孳乳分裂而出的族支之葬地。这些族支似晚商殷墟卜辞所言自王而出之"多子族"，是商周宗法制度的早期源头。

红山文化是分布于今内蒙古东南至辽宁省西部一带的新石器时代晚期的考古学文化，在其发展的晚期阶段，文化中心转移至今辽宁省西部大小凌河流域一带。苏秉琦先生认为，源于关中盆地的仰韶文化庙底沟类型与源于西辽河与大凌河流域的红山文化，一南一北各自向外延伸，终于在河北省的西北部相遇，然后在辽西大凌河上游重合，产生以龙纹与花结合的图案彩陶为主要特征的新的文化群体，红山文化坛庙冢就是它们相遇后迸发出的"火花"所带来的社会文化飞跃发展的产物。[1] 从红山文化晚期的文化发展水平

---

[1] 苏秉琦：《象征中华的辽宁重大文化史迹》，载《华人·龙的传人·中国人——考古寻根记》，沈阳：辽宁大学出版社，1994年9月第1

看，它似乎有率先一步走出仰韶时代而欲跨入龙山时代的迹象。红山文化晚期的坛庙冢等复杂建构或许表明，它已经进入苏秉琦先生所言的古国发展阶段[1]。这个古国发展阶段抑或近似于学者所论定的龙山时代邦国发展阶段[2]。无论如何，红山文化晚期高级贵族墓地严格规整的规划表明，它至少已在向文明化社会迈进，为中华文明的第一缕曙光。

总括言之，红山文化晚期牛河梁遗址群高级贵族墓地的规划有两个比较明显的特征：一是已有一个类似倒"T"形的规划骨架，尤其南北曲折中轴线是整个遗址群最关键的布局基础；二是埋葬逝者遗体的墓穴建构（积石冢等）与祭祀天地等自然神祇的庙台设施及供奉邈远先祖魂灵的神庙等紧密结合，三者融为一体，并且有意突出或曰拱卫祭祀自然神祇和远祖的礼仪设施。但是牛河梁遗址群所展示的墓地规划原则，

版第 1 次印刷，第 91 ~ 93 页。

[1] 苏秉琦：《辽西古文化古城古国——兼谈当前田野考古工作的重点或大课题》，《文物》1986 年第 8 期，第 41 ~ 44 页。

[2] 王震中：《从中原地区国家形态的演进看其文明化进程》，载韩国河、张松林主编：《中原地区文明化进程学术研讨会文集》，北京：科学出版社，2006 年 3 月第 1 版第 1 次印刷，第 68 ~ 72 页。

不像后继的凌家滩、良渚以及陶寺的墓地布局那样，可以比较清晰地与商周甚至更晚时期的高级贵族墓地规划联系起来。牛河梁遗址群墓地规划的含义目前还不能完全明了，显示出其较为原始的一面，而此点正是它处于中国上古时期高级贵族墓地规划制度发端阶段的标志。

二、凌家滩祭坛墓地

——上古高等级贵族陵墓区规划制度的初步规整化

　　尽管相距较远，但主要分布在今安徽省中部一带的凌家滩文化，有一些关键的文化因素却可能来源于辽西地区的红山文化。例如凌家滩出土的作祈祷状的玉雕贵族像（凌家滩 87M1：1、2、3）与红山文化积石冢大墓所见（牛河梁第十六地点 M4：4）[1]基本相同，只是凌家滩玉雕贵族像的手腕部多了若干个腕镯而已。凌家滩还出土有玛瑙猪形雕（凌家滩 87M13：1）、红山式的玉猪龙（凌家滩 98M16：2）、翅膀琢磨成猪

[1]　辽宁省文物考古研究所:《牛河梁第十六地点红山文化积石冢中心大墓发掘简报》,《文物》2008 年第 10 期, 第 4～14 页。

首形的玉鹰（凌家滩 98M29：6）[1] 以及重达 88 公斤的
大型玉雕野猪像（凌家滩 07M23 填土出）[2]，表明凌家
滩至少部分受红山文化猪图腾崇拜意识的影响。红山
文化玉器中著名的玉斜口筒形器，根据凌家滩 07M23
的材料，可能被凌家滩改造成用来盛装玉签一类占卜
工具的玉龟状器（签筒）。玉人、玉猪龙、玉签筒（玉
斜口筒形器）均为红山文化很重要的玉礼器类别，它
们全为凌家滩所继承或改造。凌家滩祭坛墓地墓穴上
面也有积石遗迹，应与红山文化牛河梁积石冢建置的
影响有关。此外，凌家滩玉璧、玉钺等玉器类别以及
一些玉器制作技艺可能也来源于红山文化。凌家滩文
化曾受到辽西红山文化的较多影响是基本可以肯定
的。[3]

---

[1] 安徽省文物考古研究所编著：《凌家滩——田野考古发掘报告之一》，
    北京：文物出版社，2006 年 8 月第 1 版第 1 次印刷，彩版一二、
    一三、一〇〇、一五七、二〇一。

[2] 安徽省文物考古研究所：《安徽含山县凌家滩遗址第五次发掘的新
    发现》，《考古》2008 年第 3 期，第 7 ~ 17 页图版一~七。

[3] a. 田名利：《凌家滩墓地玉器渊源探寻》，《东南文化》1999 年第 5 期，
    第 18~29 页；b. 田名利：《凌家滩遗存与红山文化》，载安徽省文物
    考古研究所编：《文物研究》（第 15 辑），合肥：黄山书社，2007 年
    12 月第 1 版第 1 次印刷，第 79~90 页；c. 韩建业：《晚期红山文化
    南向影响的三个层次——从凌家滩墓地所见红山式玉器论起》，载

凌家滩发掘报告作者认为，凌家滩祭坛墓地1987年与1998年清理的44座墓葬，除去墓地北端有七八座墓可能约略作南北一线排列外，其余大致是按东西成排的方式布局。[1]这个认识基本是正确的。整个祭坛墓地的中南部大致布置了五排东西成行的墓葬。其中最南边的两排虽然呈现为东西布局的两行，但从这两排所有墓葬的空间布局与早晚关系及随葬品所反映的等级高低等情况综合来看，这两排墓葬在丧葬规划时应是统筹在一起考虑的。整个墓地唯一开口在第④层下的87M15无疑是最早的墓葬，其出土包括30件玉璜（整个墓地随葬玉璜数最多者，其次是87M4的19件玉璜）、3件玉冠饰、49件玉管佩件以及整个墓地唯一一件水晶器——水晶耳珰等在内的高级随葬品，再考虑到它处在整个墓地南端最中间的位置，似可认为它是整个凌家滩祭坛墓地等级地位最高的"太祖"墓。整个凌家滩墓地可能是87M15墓主或其子最

《先秦考古研究：文化谱系与文化交流》，北京：文物出版社，2013年3月第1版第1次印刷，第240~247页。

[1] 安徽省文物考古研究所编著：《凌家滩——田野考古发掘报告之一》，北京：文物出版社，2006年8月第1版第1次印刷，第21页图七、第22页图八、第36页。

早规划的，87M15 墓主因之也成为最早埋葬在凌家滩祭坛墓地的最高级贵族。开口在第③层下的 87M4 紧挨着布置在 87M15 的南面，也处在墓地南端最中间的位置，出土包括罕见的玉龟版、19 件玉璜以及精美的玉匕（勺）等在内的高级随葬品，无疑是整个凌家滩祭坛墓地礼仪地位仅次于 87M15 的墓葬。87M4 墓口面中部略偏南位置平放的一件巨型石钺，重 4.25 公斤 [1]，值得注意。《礼记·檀弓》云："天子之殡也，菆涂龙輴以椁，加斧于椁上，毕涂屋，天子之礼也。"《周礼·丧祝》孔颖达疏云："天子礼刺以黼文，谓之斧者，形如大斧文。"古代注疏家以为天子殡椁上覆有刺以斧纹的布幕。凌家滩 87M4 置大斧钺的墓口似与椁上的位置也较为近似，其用后来天子的丧礼，墓主地位之高可见一斑。开口同样在第③层下，紧挨着布局在 87M15 东边的 07M23，大致与 87M4 同时，出土有 330 件随葬器物，其中包括 3 件玉签筒（1 件为完整的玉龟状，2 件作扁圆玉龟状）、10 件玉璜（仅次于 87M15 的 30 件玉璜与 87M4 的 19 件玉璜，数量位

---

[1] 安徽省文物考古研究所编著：《凌家滩——田野考古发掘报告之一》，北京：文物出版社，2006 年 8 月第 1 版第 1 次印刷，第 47 页。

居第三）以及 1 件重达 88 公斤、长约 72 厘米、宽 32
厘米的野猪形玉雕，它在凌家滩祭坛墓地的丧葬礼仪
地位略低于 87M4。其他如出土 3 件玉人、1 件猪翅玉
鹰的 98M29，出土 3 件玉人的 87M1，出土 1 件玉龙
的 98M16 以及出土双虎首璜的 87M8 等，也均叠压在
87M15 与 87M4 两座中心大墓上或布列在它们的两侧。
综合来看，凌家滩祭坛墓地最南面的两排墓葬是整个
祭坛墓地等级最高的墓葬，应该是凌家滩遗址等级最
高社会集团（可能近似于商周时王族一类的社会组成
单位）的丧葬处所。由于凌家滩祭坛墓地内绝大部分
墓葬墓主头朝南，所以南向成为凌家滩祭坛墓地的主
向（此点与良渚文化相同）。而墓主头端所指的南面则
自然成为尊位，故等级最高的两排墓葬均建构在墓地
的最南面。自南往北，越往北排列的墓组，等级地位
则越低。北端墓组内的 98M5、98M6、98M8 和 98M11
等墓葬，不仅坑穴窄小，而且随葬品稀少、粗劣，显
示出所属社会集团等级地位很低。2007 年在 1987 年
与 1998 年发掘区域西北面清理的三座墓葬 [1]，分布位

---

[1] 安徽省文物考古研究所：《安徽含山县凌家滩遗址第五次发掘的新
发现》，《考古》2008 年第 3 期，第 8 页图一、第 9 页。

置更靠北,从它们的规模、随葬品与采用非主流的东西向坑穴来看,所属社会集团的等级地位也很低。从南往北数第三排,由87M11、98M30等墓葬构成的墓组,也是以居中的87M11(该墓坑穴较大,虽然被近代墓葬严重扰乱,仍出土齿牙形玉璜、玉镯及玉钺等高级玉礼器)为中心,其他墓葬分布于两侧。该墓组所属社会集团的等级地位一般。从南往北数第四、五两排,整体位置略偏西,从第四排98M20与第五排98M18等墓均出土有较多的玉芯及大量石锛等玉石器加工工具来看,这两排所属社会集团可能与凌家滩聚落的玉石器加工有密切关联[1],而且社会地位较高。从南起第四排居中的98M20出土4件玉璜、6件玉钺以及大量玉芯与石锛和石钺来看,它是第四排等级最高的墓葬,"尊中"原则在此得到较好的体现。

---

[1] 严文明:《序》,载安徽省文物考古研究所编著:《凌家滩——田野考古发掘报告之一》,北京:文物出版社,2006年8月第1版第1次印刷,第I~V页。

表一 凌家滩祭坛墓地重要随葬品一览表

墓号	玉璜	玉镯	玉环	玉玦	玉管	玉钺	玉斧	玉璧	其他比较特别的随葬物	石钺	石斧	石铲	石锛	石凿	石器	陶器
87M15	30	2		1	49	1			冠饰4、耳珰1、玉饰4、圆饼饰1、双连环1	7		8			砺石2	豆4、罐5、壶2、盘1
07M23	10	20	20	34		多			含圭鋬龟形玉签筒3、88公斤重野猪形玉雕1、石器200、玉器97、陶器31	多		约30				大口尊1
87M4	19、4	4	3	14、9	9	3	5	3	玉版1、玉龟1、扁方圆形饰8、组扣形饰5、玉石9、三角形饰1、人头形饰11、勺1、玉饰1、菌状饰2、圆饼饰1、管1、大石锛1	18		6		5		壶3、罐1、器盖1、不明器7
87M1	2		1	2					玉人3、玉板1、玉石松石1、扁方扣1、绿松石						石璧1	罐1、器盖
87M8	3	17	11	6		3			玉饰2、玉料1、鹰1、双虎首璜2	9		7		2		鼎1、豆2
98M29	5	6	6	4	5			4	玉人3、鹰1、珠11、版2、芯2、玉料1、璮1、圭形器1、玉料2	12		2			戈2等	鼎2、壶4
98M16	1	2	6	2	5				龙1、芯1、喇叭1、耳珰2、坠饰3、盲孔件1	1						鼎4、豆8、壶2
87M17	6	7							珩22	7		3				豆2、壶2

综上所言，"尊祖"是凌家滩祭坛墓地最主要和最明显的排列原则。所谓"尊祖"，就是将"太祖"墓穴规划在墓区最中心或最突出的位置，并在"太祖"最终实际下葬时给予当时最高的丧葬礼遇。不过，这个最高的丧葬礼遇是相对的，因为随着所属社会集团经济实力等方面的提升，后续下葬的集团最高级贵族有可能在丧葬规格上超越早先下葬的"太祖"。例如凌家滩07M23，虽然随葬玉璜（凌家滩最有特点的高级贵族身份等级标识物）只有10件，少于墓地"太祖"墓87M15的30件，但其不仅坑穴规模大于87M15，随葬品总体数量（330件）远多于87M15（128件），而且随葬品质量也明显优于87M15。晚期以后，后续下葬者在丧葬规格与规模上超越"太祖"的情况则更为多见。"太祖"必须是（至少曾经是）整个社会集团的最高级贵族，一般也是墓区的最初规划者。只有在比较特殊的情况下，"太祖"才有可能薨于墓区规划之前，而后在"继任"最高级贵族规划完墓地后葬入。但他作为墓地"太祖"被葬在墓区最中心或最突出的位置，并在下葬时得到当时最高的丧葬礼遇这两点不会有任何改变（例如清世祖顺治帝崩后十余年方被其子清圣祖康熙帝葬于清东陵，但顺治帝之孝陵作为清东陵主陵的位置非常突出）。"太祖"墓在任何一个墓区内都只能有一个，而且能够被轻易辨识出，因为后续下葬者偶在丧葬规格与规模上超越"太祖"的情况无法淹没"太祖"墓在空间位置、时代及丧葬规格与规模等方面所独有的非常鲜明的个性。由于一定时期内一个社会集团的最高级贵族只能有一个，"前任"死后，继任者才能够成为最高级贵族，所以正常情况下"太祖"应该是墓区内最早埋葬的最高级贵族，但不一定是墓区内最早埋葬的死者（例如明成祖朱棣是北京昌平明十三陵最早被埋葬的明帝国皇帝，但十三陵埋葬的最早死者却是朱棣之皇后，因为她先朱棣而逝）。后续死去的历代最高级贵族以及其他贵族一般按照一定的原则依次埋葬在"太祖"墓穴的两侧、周围或前面：或对"太祖"墓形成拱卫之势，或以其他方式刻意突出"太祖"墓穴所在。凌家滩墓地东西一线布列墓穴且以居中墓穴为核心的做法，在牛河梁遗址群已见端倪，例如牛河梁第二地点的一至五号冢就是东西一字排开且以居中的三号天坛冢为中心的形式[1]。虽然牛河梁第二地点每座积石冢内往往包含若干座墓，但每冢内只有一座中心大墓等级最高，其余墓葬可能只具有陪葬的性质。因此，牛河梁第二地点五冢东西一线排列的做法与凌家滩墓地东西成排布局墓穴的情形有相似的一面。牛河梁第二地点二号冢带冢台大墓被环卫突出的情形，也与凌家滩祭坛墓地拱卫中心大墓的做法有些近似。墓地内最早下葬的等级最高的逝者墓葬为"太祖"墓葬，不仅地位最受尊崇，而且整个墓地的布局都有意突出它。虽然情形各有区别，但牛河梁与凌家滩的"太祖"墓都是很容易识别的。固然后续的最高等级墓葬可能由于所属国族经济实力的提升等，会在坑穴规模、丧葬用品等方面比最早安排的"太祖"墓显得"档次"高，但其空间位置依附于"太祖"墓的情形从来都是很明确的，而且其核心随葬礼器必须明显逊于"太祖"墓穴所享。

凌家滩祭坛墓地最南边两排分别以87M15（87M15所在排仅余五座正位墓，但比照南边的87M4所在排，

---

[1] 吕学明、朱达：《重现女神——牛河梁遗址》，天津：天津古籍出版社，2008 年 1 月第 1 版第 1 次印刷，第 38 页。

07M23 以东应该还有两座墓。而叠压、打破 87M15 的 87M7 与 87M8 二墓或为埋葬特别逝者的特别墓穴，不是正常墓葬）与 87M4（打破 87M4 的 87M1 或为非墓的近圆形祭祀坑，或为埋葬特别逝者的特别墓穴，不是正常墓葬）为核心，东西两侧各有三墓的七墓制比较引人注目。因为这种七墓制可能与著名的"天子七庙"制有关联，或曰七墓制与七庙制是有关祖先魂魄的一体两面。考古工作者在辽宁凌源市西梁头红山文化石棺墓地清理出环形布列的六座男性贵族墓与一座特别的老年女性贵族墓。[1] 从这些墓地的布局情况看，整个墓地大概就是预备埋葬七代人，而且 M1 以降的五座男性贵族墓可按 M1 与 M4、M4 与 M3、M3 与 M2、M2 与 M7 四种形式，与"太祖"墓 M5 形成四个一祖一昭一穆的三墓制，由此可见环形布局的精妙。[2] 北赵西周晋侯墓地除去墓地中心的早卒太子墓

[1] 王来柱：《凌源市西梁头红山文化石棺墓地的发掘与研究》，载辽宁省博物馆：《辽河寻根 文明溯源——中华文明起源学术研讨会论文集》，北京：文物出版社，2012 年 9 月第 1 版第 1 次印刷，第 65~81 页。

[2] 辽宁省博物馆编：《辽河寻根 文明溯源——中华文明起源学术研讨会论文集》，北京：文物出版社，2012 年 9 月第 1 版第 1 次印刷，第 67 页图二。

与西北角"加塞儿"的被晋文侯袭杀的晋殇叔墓，也是埋葬正常去世的七代晋侯及其夫人。[1] 殷墟晚商王陵西区除去奔逃的武庚之墓（无墓道大方坑 M1567 可能是其预建的寿坑）及明确死于非命的帝辛之墓（可能即 M1003）之外，也是埋葬正常死亡的小乙（78 侯家庄北地一号墓）、武丁（M1001）、祖甲（M1550）、康丁（M1004）、武乙（M1002）、文丁（M1500）及帝乙（M1217）七代晚商直系先王（传世文献或言武乙震死于河渭之间，也是凶死，但不一定确实，兹不取此说）。[2] 七庙制与七墓制是最高等级贵族的制度，若是低一级的诸侯，则一般应该使用五墓制与五庙制，也时有逾制使用七墓制的。例如晚商殷墟后冈西区墓地即以"太祖"墓穴居南部正中、余二昭二穆穴（另有一座规模较小的带墓道墓可能埋葬的是早夭者，兹不计数）依次而他北分居左右东西布局，埋葬正常去世

---

[1] 胡进驻：《北赵晋侯墓地墓位布局原则与相关问题》，《故宫博物院院刊》2016 年第 2 期，第 54~65 页。

[2] 胡进驻：《略论殷墟晚商王陵穴位的昭穆排列规则》，《北京师范大学学报（社会科学版）》2015 年第 5 期，第 77~90 页。

的五代人。[1]河南淅川下寺楚国令尹家族墓地也是自早至晚、自南往北仅埋葬五代人。[2]河南永城西汉梁国王陵区以布置在整个陵区南部的梁孝王刘武及其王后李太后陵墓为"太祖"穴,后续子孙辈梁王及各自王后陵穴以昭穆为左右分居东西,并自早至晚、自南往北布列[3],与晚商殷墟后冈西区墓地布局形式比较相似,只是由于地貌等条件的限制,梁王陵区后期的大部分墓组的分布有些偏向西北方向。可将西汉梁王陵区视作扩大版的后冈西区墓地,仅埋葬的世代比后冈

---

[1] 刘一曼、徐广德:《论安阳后冈殷墓》,载中国社会科学院考古研究所编:《中国商文化国际学术讨论会论文集》,北京:中国大百科全书出版社,1998年9月第1版第1次印刷,第182~200页、第185页图2。

[2] 河南省文物研究所等编著:《淅川下寺春秋楚墓》,北京:文物出版社,1991年10月第1版第1次印刷,第3页图二。

[3] 河南省文物考古研究所编:《永城西汉梁国王陵与寝园》,郑州:中州古籍出版社,1996年8月第1版第1次印刷,第11页图三;b. 河南省商丘市文物管理委员会等编著:《芒砀山西汉梁王墓地》,北京:文物出版社,2001年8月第1版第1次印刷,第4页图二;c. 王良田:《论西汉梁王陵的墓地布局与墓葬形制结构》,载洛阳市第二文物工作队编:《洛阳汉魏陵墓研究论文集》,北京:文物出版社,2009年10月第1版第1次印刷,第58页图一。

多三代而已。[1]

凌家滩祭坛墓地南起第三排、第四排与第五排等三排墓葬，丧葬等级也很高，但明显低于前揭南起第一排与第二排墓葬。从空间布局情况看，南起第一排与第二排处于整个墓地最南边，二者相距很近，应该组成一个单元，可能是凌家滩古国的王族葬地；南起第三、四、五排墓葬相距很近，又构成一个单元，参照红山古国牛河梁遗址群及良渚古国陵墓区皆有较为明确的王族与后族葬地的情形，这个单元有可能是凌家滩古国的后族葬所。

凌家滩祭坛墓地与红山文化晚期牛河梁遗址群相比，虽然规模较小，但内部墓葬布列密集紧凑，层次分明，墓地规划制度比较明晰[2]，而且能与后继的高级贵族墓地规划制度相互印证，显然是高级贵族墓地规划制度有所发展的标志。

---

[1] 洛阳市第二文物工作队编：《洛阳汉魏陵墓研究论文集》，北京：文物出版社，2009 年 10 月第 1 版第 1 次印刷，第 58 页图一。

[2] 安徽省文物考古研究所编著：《凌家滩——田野考古发掘报告之一》，北京：文物出版社，2006 年 8 月第 1 版第 1 次印刷，第 21 页图七、第 22 页图八、第 35～36 页、第 271～273 页。

三、良渚文化瑶山与反山墓地

——上古高等级贵族陵墓区规划制度的进一步明确和完善

　　良渚古城反山墓地在宫城西北约 300 米处，其形制[1]与凌家滩祭坛墓地最南边两排墓葬所揭示的情形较为接近。它们均将墓葬穴位按东西一字排开的做法布置成东西成行、南北并置的两排，而且规划时两排的全部墓葬穴位是综合在一起通盘考虑的。凌家滩墓地南起第二排的 87M15 是等级最高的"太祖"墓，07M23 布置在其东，与其处于同一排。87M4 紧邻布局在 87M15 之南，它同时也是最南边一排的中心墓葬，

----

[1] 浙江省文物考古研究所编著：《反山》（上），北京：文物出版社，2005 年 10 月第 1 版第 1 次印刷，第 12 页图四、第 370 页。

其他墓葬如前述依次叠压、打破 87M15 与 87M4 或布局在它们的东西两侧。反山墓地南排居正中的 M12 是整个墓地等级最高的"太祖"墓，相当于凌家滩墓地的 87M15；反山 M20 的丧葬等级仅次于 M12，紧邻布局在 M12 西北面，处于北排正中，相当于凌家滩 87M4。反山与凌家滩两处墓地的区别是，"太祖"墓与礼仪等级第二高之墓葬所处南北排位正好相反，个中成因暂不易推测。

瑶山祭坛墓地在良渚古城东北约 5 公里处，其所反映的墓地规划制度不仅比较明晰 [1]，而且与凌家滩墓地所见也有较为密切的联系。六座高级女性贵族墓葬独自占据东西一排，是瑶山墓地一个比较显著的特点。在此之前，红山文化晚期牛河梁积石冢中心大墓墓主一般均认为是男性。凌家滩绝大部分高级贵族墓葬均随葬有玉石钺等男性标志比较明显的物品，故一般认为其墓主可能也多为男性。良渚文化反山墓地北排有 M22 与 M23 两座比较明确的高级女性贵族墓葬，其中

---

[1] 浙江省文物考古研究所编著：《瑶山》，北京：文物出版社，2003 年 9 月第 1 版第 1 次印刷，第 6 页图四、第 201~207 页、第 73~105 页、第 174~190 页。

紧邻南排居中"太祖"墓 M12 的 M22 还可基本确定为
M12 墓主之夫人或曰王后之墓，而 M23 可能是 M20
墓主之王后之墓。同时反山北排安排有 M20 与 M18
这样的高级男性贵族墓葬，所以反山墓地没有高级女
性贵族独立占据的墓排。此点与瑶山墓地有明显不同。

　　瑶山墓地南排有七座高级男性贵族墓葬。从丧葬
内容来看，显然是较为居中的 M12 等级最高，它应该
就是瑶山墓地的"太祖"墓。瑶山 M12 坑穴打破祭坛
中心方形红土堆积区域南缘的中部，虽遭严重盗扰，
但出土物后来被文物管理部门追缴回来很多。从随葬
玉礼器的数量、等级、质量等方面来看，M12 应该是
瑶山祭坛墓地礼仪等级最高的墓穴。瑶山 M7（随葬 2
件大玉琮）的礼仪等级仅次于 M12（随葬 8 件大玉琮）。
被 M7 打破东南角的 M11 是北排礼仪等级最高的墓
葬，其墓主可能与 M7 墓主有某种比较特别的血缘或
社会关系。北排 M11 被南排 M7 打破的情况说明：整
个瑶山墓地事先作过通盘完整规划；在没埋葬任何死
者之前，各类人员墓穴空间位置的安排原则就已确定；
M11 墓主应该比 M7 墓主先去世，并按照既定规则被
埋葬在属于她的北排靠近红土台的位置（战国中山王

墓随葬兆域图将先薨而逝的哀后及墓薨时尚健在的王后与二位夫人的墓穴位置都标注得非常清楚[1]，而且考古发现先夫人而逝的陪葬者都已依位葬入兆内，就是这个传统的延续）。"太祖"应该是特定墓区内最早被埋葬的最高级贵族，但不一定是墓区内最早埋葬的死者。例如，南宋绍兴攒宫陵区以高宗赵构永思陵为主陵，但先期下葬的有前朝哲宗之皇后、被金人掳后送返的前朝徽宗及徽宗诸后等人[2]；北京昌平明十三陵以明成祖朱棣长陵为主陵，但长陵地下玄宫内先葬入的则是先薨的明成祖之孝仁徐皇后[3]。

汇观山祭坛墓地在良渚古城西北约2公里处，形制与瑶山十分相似，但规模较小，礼仪等级明显低一

[1] 河北省文物研究所编著：《墓——战国中山国国王之墓》（上），北京：文物出版社，1996年2月第1版第1次印刷，第104~110页。

[2] a. 刘毅：《南宋绍兴攒宫位次研究》，《考古与文物》2008年第4期，第52~62页；b. 郑嘉励：《南宋六陵诸攒宫方位的复原意见》，《考古与文物》2008年第4期，第63~68页；c. 孟凡人：《南宋帝陵攒宫的形制布局》，《故宫博物院院刊》2009年第6期，第30~54、156页。

[3] 刘毅：《明代帝王陵墓制度研究》，北京：人民出版社，2006年6月第1版第1次印刷，第80页。

些。[1]其中 M4 坑穴打破祭坛灰土方框的西边，出土物最为丰富，且包含有玉三叉形器、玉钺、玉冠状饰、成组玉锥形器、玉琮与玉璧等高等级玉礼器，另有 48件石钺，礼仪等级较高。M2 出土有玉琮、琮式玉管、4 件玉锥形器与 4 件石钺等物，礼仪等级明显低于M4。M4 墓主应该为男性贵族，M2 可能也是男性贵族之墓，其他墓葬情况不明。

关于良渚瑶山祭坛墓地与反山王陵的时代，学者们大致有两种看法：一种认为瑶山与反山均属于良渚文化的中期偏早阶段[2]，另一种认为瑶山祭坛墓地可能属于良渚文化早期[3]。我们以为两种意见的具体表述虽然有差异，但或许实际内容差别不大。总之，我们综

---

[1] a. 浙江省文物考古研究所等：《浙江余杭汇观山良渚文化祭坛与墓地发掘简报》，《文物》1997 年第 7 期，第 4~19 页；b. 浙江省文物考古研究所：《良渚文化汇观山遗址第二次发掘简报》，《文物》2001 年第 12 期，第 36~40 页。

[2] a. 浙江省文物考古研究所编著：《瑶山》，北京：文物出版社，2003年 9 月第 1 版第 1 次印刷，第 203 页；b. 浙江省文物考古研究所编著：《反山》(上)，北京：文物出版社，2005 年 10 月第 1 版第 1 次印刷，第 366 页。

[3] 刘斌、朱雪菲：《城郊的观象台与贵族墓地》，载浙江省文物考古研究所编著：《良渚古城综合研究报告》，北京：文物出版社，2019 年1 月第 1 版第 1 次印刷，第 236 页。

合考虑反山、瑶山及汇观山诸处的考古学材料后以为，三处墓地大致是同时并存的，它们皆为良渚古城主要时期之遗留。而从考古发现内容看，三处墓地中，反山礼仪等级最高，瑶山次之，汇观山位居第三。反山应该是良渚古国的王陵，瑶山可能是古国正后之族的葬所，汇观山则可能为古国副后之族的墓地。

良渚文化反山王陵埋葬的两位王后可能是 M22 与 M23 墓主，而王陵区西侧的 M15 与 M18 可能也是王墓，但时代较晚。可能由于下葬时，良渚古国有所衰落，故丧葬规格有所降低。王明达先生以为 M15 与 M18 墓主可能是服务于良渚王的臣僚、巫觋之类，如此，则二墓属于王陵区陪葬墓。反山王陵主要埋葬良渚王，仅两位特别的王后有资格入葬其中。其中 M22 墓主可能是王陵区"太祖"（M12 墓主）之后，而 M23 墓主可能是"太宗"（M20 墓主）之后。晚商的殷墟西北冈王陵西区只葬晚商直系商王，王陵东区也只有两位王后的葬所。她们可能分别是商王祖庚之生母妣癸和商王祖甲之生母妣戊（司母戊或曰姤戊大方鼎之主人）。此二位王后生前非常显赫，并且有可能恰薨于各自的亲子在位为王之时，故得以葬于王陵东区。[1]西周王陵没有发现类似的情形。东周王陵可能是王与后异穴并葬。[2]西汉至明清，皇帝与皇后一般是异穴或同穴合葬。古埃及古王国时期，王与王后有异穴合葬例，但新王国时期，则又明确分开埋葬。[3]古埃及新王国时期、中国良渚古国及商代晚期的情况比较接近，都是神权信仰极为浓厚的政治文化共同体，由于必须要特别强调王之神性和独特性，因此王后固然十分高贵，也具有一定的神性，但一般仍然不能与王合葬。反山的两座王后墓——M22 与 M23，相对独处于墓地北排东端。虽然可大致判断出 M22 可能属于 M12 墓主之王后之墓，M23 可能属于 M20 墓主之王后之墓，但它们与 M12 和 M20 皆不属于严格意义上的夫妻异穴合

[1] 胡进驻：《略论殷墟晚商王陵穴位的昭穆排列规则》，《北京师范大学学报（社会科学版）》2015 年第 5 期，第 77~90 页。

[2] a. 胡进驻：《关于洛阳周都与东周王陵的几个问题》，《考古与文物》2006 年第 5 期，第 71~73 页；b. 徐昭峰：《东周王城的王陵分区与辨析》，载中国社会科学院考古研究所夏商周考古研究室编：《三代考古（八）》，北京：科学出版社，2019 年 10 月第 1 版第 1 次印刷，第 97~123 页。

[3] a. Mark Lehner, *The Complete Pyramids*, Thames & Hudson Inc., New York, 1997; b. Richard H. Wilkinson & Nicholas Reeves, *The Complete Valley of the Kings*, Thames & Hudson Inc., New York, 1996.

葬。至于为何独此二后得以入葬反山王陵，我们暂且推测，可能主要因为她们分别是"太祖"（M12墓主）与"太宗"（M20墓主）之后，且作为良渚古国最早的两位王后，她们的礼仪等级较高、神性较强。联系晚期以王后与帝后配食祭祀都城北郊方丘之制，加上瑶山的三色土社坛性质较为明显，或可初步推测良渚瑶山祭坛墓地北排的女性墓主有可能是良渚古国之历代王后。瑶山祭坛红土核心区域西侧有五墓，加上反山二后，正为七之数，恰与反山墓地及瑶山墓地各自男性墓主的总数等同。至于瑶山红土台东侧边缘的M6，则可能比较特殊，墓主或不是王后。瑶山南排的七位男性墓主可能分别是七位王后的生父，亦即七位古国后族族长。古国后族负责古国社祭等事宜，占据举足轻重的地位，是古国联盟的核心组成部分。至于王后为何可与其父葬于一处，试暂作如下推测。母系氏族制度下，女儿与父亲本不属于一族；但进入父权制以后，则属于一族。进入父权古国阶段以后，后族虽然恒出后，但后族的男子并不能对等娶王族的公主，因此，实际上王族和后族并不算互通婚姻。正常情况下，夫妻去世后，一般是异穴或同穴合葬，而且夫妻的墓穴（异穴情况）或棺椁（同穴情况）通常左右并列。因此，反山王陵二后的墓穴与她们各自丈夫的墓穴或略成南北纵列、或隔墓相望的格局，并不是正常的夫妻合葬形式。纵列式一般主要是父母与子女的合葬形式。依考古发现的情况，所谓纵列是指墓主头北或头南埋葬时两墓穴作一南一北布列，墓主头东或头西埋葬时两墓穴作一东一西布列；而所谓并列是指墓主头北或头南埋葬时两墓穴作一东一西布列，墓主头东或头西埋葬时两墓穴作一南一北布列。如殷墟王陵区[1]及马王堆汉墓[2]所见。殷墟王陵西区内有四组父北子南的纵列组合（即 1001 与 1550、1004 与 1002、1500 与1217、1003 与 1567，墓主应该分别是武丁与其子祖甲、康丁与其子武乙、文丁与其子帝乙、帝辛与其子武庚），殷墟王陵东区内妣癸（1443 号墓墓主）与其子祖庚（1400 号墓墓主）的墓穴北南纵列。马王堆汉墓陵区内轪侯利苍（二号墓墓主）与其夫人辛追（一号墓墓

[1] 中国社会科学院考古研究所编著：《殷墟的发现与研究》，北京：方志出版社，2007 年 4 月第 1 版第 1 次印刷，第 95 页图五二。

[2] 湖南省博物馆、湖南省文物考古研究所编著：《长沙马王堆二、三号汉墓》第一卷，北京：文物出版社，2004 年 7 月第 1 版第 1 次印刷，第 3 页图二。

主）东西异穴并列合葬，辛追与其子（三号墓墓主）的墓穴则为南北纵列式布局。因此，皆为头南埋葬的瑶山墓地北排女儿（王后）与南排父亲（王后之父，亦为后族族长）空间位置南北相对的埋葬格局，也符合父母与子女合葬的墓穴纵列排布规则。由于良渚大墓墓主的主流头向为南向，故父尊在南、女卑在北。即使贵为古国王后，在入葬带有鲜明后族墓地色彩的葬域时，也要"屈尊"于其父之下。具体言之，瑶山 M12 与 M7 墓主可能分别是良渚古国"太祖"与"太宗"之王后的生父，后面五墓的墓主可能为后继五位王后的生父。在各项制度相对原始的良渚古国时代，后族族长可能本来地位就很高，就像红山古国牛河梁遗址群第十六地点的四号墓墓主。秦汉至明清时期，皇后明显要比其生父的礼仪地位高。商周时期的王后可能也比其父亲的礼仪地位高。但红山古国与良渚古国时期，则不一定。因为后族是古国的小半个支撑，其族长自然威力很大，不容小觑。至于瑶山南排七墓，有可能是依昭穆制布局。具体言之，有可能是居中的 M12 墓主为古国后族之"太祖"，其子 M7 墓主居西左为第一昭（以坐北面南计，东为左昭，西为右穆；但瑶山诸墓墓主皆头南，故应该以坐南面北计，西为左昭，东为右穆），M2 墓主为第一穆，M9 墓主为第二昭，M8 墓主为第二穆，M10 墓主为第三昭。再往下，M3 墓主应该居东为第三穆，但该墓却居西昭位，可能是由于出现"兄终弟及"的情况，而昭穆制度的真谛是"兄弟同昭穆"[1]，故 M3 墓主与其兄 M10 墓主同居西昭位。

良渚古国都城东北方向有瑶山祭坛墓地，西北方向有汇观山祭坛墓地。两处祭坛墓地的格局虽基本一致，但又有不同。瑶山之等级明显高于汇观山。若推测瑶山是古国东北郊的社坛所在，则汇观山或为古国稷坛所在。如果瑶山社坛是以古国之正后及其母族父亲灵魂配食，汇观山则有可能是以古国副后及其母族家长灵魂配食，也未可知。

[1] 李衡眉：《昭穆制度研究》，济南：齐鲁书社，1996 年 11 月第 1 版第 1 次印刷，第 235 页。

四、陶寺早中期的陵墓规划
——早期王陵制度的初步形成

陶寺早期大中型墓葬墓地的时代比上述红山文化晚期牛河梁坛庙冢遗址群、凌家滩祭坛墓地、良渚文化瑶山与反山墓地等处要晚，但其大中型墓穴"离群索居"在一起的情形还是比较明显的，几座大中型墓葬基本上是自西北向东南按昭穆规则排列。具体而言，陶寺墓地Ⅲ区是早期王陵[1]，其靠近西北端的 M3072 和 M3073 二墓下葬时间最早。虽然二墓均曾遭受比较严重的破坏，但所余随葬物仍然比较丰富。居西的 M3073 出土的玉钺和大口缸，不见于居东

---

[1] 中国社会科学院考古研究所、山西省临汾市文物局编著：《襄汾陶寺——1978～1985 年考古发掘报告》第二册，北京：文物出版社，2015 年 12 月第 1 版第 1 次印刷，第 442 页图 4-29。

的 M3072。而且 M3073 出土的描绘精致的朱、白两色彩绘的黑地蟠龙纹盘，为陶寺遗址所仅见的极品之礼器。于此，则不排除居东的 M3072 可能是王后墓，而居西的 M3073 有可能是其丈夫，也即王（陶寺准王国的开国"太祖"）之墓。M3072 略早于 M3073，说明"太祖"夫人比"太祖"先崩逝。而 M3016、M3017 与 M3018 墓组中，居东的 M3017（坑穴规模明显大于居西的 M3018）可能为王后墓，居西的 M3018 为副后之墓，居中的 M3016（坑穴规模最大、随葬品最丰富、随葬礼器等级最高）则为王墓；M3015、M3085 墓组中，居东的 M3085（坑穴规模明显小于 M3015）可能为王后墓，居西的 M3015 则为王墓；M3002、M3009 与 M3084 墓组中，居东的 M3009（坑穴规模明显大于居西的 M3084）可能为王后墓，居西的 M3084 为副后之墓，而居中的 M3002（坑穴规模最大、随葬品最为丰富、随葬礼器等级最高）则为王墓。[1] 如此，则可能是 M3073（太祖王墓）与 M3072（太祖后墓）为祖穴

[1] 中国社会科学院考古研究所、山西省临汾市文物局编著：《襄汾陶寺——1978 ~ 1985 年考古发掘报告》第二册，北京：文物出版社，2015 年 12 月第 1 版第 1 次印刷，第 440~458 页。

墓组，M3016（王墓）、M3017（后墓）与M3018（副后之墓）为第一昭穴墓组，M3015（王墓）与M3085（后墓）为第一穆穴墓组，M3002（王墓）、M3009（后墓）与M3084（副后墓）为第二昭穴墓组。简而言之，按照如此"祖—昭—穆—昭"自西北至东南的直线顺排，我们推断它们有可能是陶寺准王国早期四亲的遗迹。此外，在M3002墓穴东南方位有一座"孤立"的中型墓M3092，它虽被严重破坏，但从遗存判断，礼仪等级也比较高。[1] 而且它处在前述墓列的东南延长线上，墓主有可能是陶寺准王国早夭的太子一类的人物，由于尚未及婚配，因此无后墓祔葬，但被埋葬在王陵轴线东南端，以显示其特别的礼仪地位。此点与北赵西周晋侯墓地将同样早夭而未及婚配的太子葬于整个墓地中心的M112的情形有类同之处。

---

[1] 中国社会科学院考古研究所、山西省临汾市文物局编著：《襄汾陶寺——1978～1985年考古发掘报告》第二册，北京：文物出版社，2015年12月第1版第1次印刷，第493~494页。

五、殷墟晚商王陵

——上古高等级贵族墓地规划制度的基本确立

　　殷墟晚商王陵是目前可以确认的最早的中国上古时期王陵。它虽然与前述凌家滩、良渚文化的高等级贵族墓地之间有较长的时间间隔，但从诸多方面仍可看出很多因袭的痕迹，反映出中国上古几千年来高级贵族丧葬制度传承力的强劲。经过 80 多年的考古发掘，殷墟王陵目前已基本被全部发掘清理出来。几十年来已有不少学者对殷墟王陵及其相关问题做过很多探讨，但由于诸大墓历史上皆多次遭受惨重盗掘，遗留物甚少，给深入研究造成很多困难，因此，仍有很多基本问题尚未解决。今笔者拟对殷墟晚商王陵诸大墓墓主的归属与王陵穴位的排列规则等，进行一些尝试性探讨。

晚商时期诸种礼仪制度已经较为成熟，作为最高等级丧葬地的王陵区应该有预先规划和较为严格的穴位排列规则，其布局不可能是随意形成的。而欲对殷墟王陵区诸大墓的穴位排列规则进行研探，就不得不先对一些关键大墓的墓主进行推测。虽然历次的惨重盗掘几乎使所有大墓墓主的指认变得十分困难，不过，依据盗余之物与坑穴形制、规模等信息综合分析，还是可以将各大墓墓主限定在一定范围内。以下拟从一些关键大墓墓主的探讨入手开始探索，参照古代宗庙合祭时诸庙主中始祖牌位面东独置于西，后续子孙庙主分昭穆、隶属南北两排置于始祖牌位以东的原则，同时佐以其他与中国古代高等级贵族墓地相关的材料，最终为殷墟晚商王陵西区大墓的穴位排列规则提供一种暂且合理的解释。

（一）殷墟西北冈王陵区部分大墓墓主归属推测

1. 王陵西区78侯家庄北地一号墓墓主可能为殷王小乙

目前学术界关于殷墟晚商王陵的基本认识，仍然以杨锡璋先生20世纪80年代初的一篇论文最为接近历史的真实[1]。杨先生的论断中，有三点比较关键：第一，1001号大墓属于殷墟文化第二期（殷王武丁至祖庚、祖甲时期）；第二，殷墟西北冈大墓没有一个是属于殷墟文化第一期即盘庚、小辛、小乙时期的；第三，只有带四墓道的殷墟西北冈大墓才是王陵，少于四墓道的墓是低于王的等级的人使用的。杨先生文章发表多年以后，郑振香先生撰文对侯家庄1001号大墓的年代与相关问题发表看法[2]。郑先生经过仔细分析、比

[1] 杨锡璋：《安阳殷墟西北冈大墓的分期及有关问题》，《中原文物》1981年第3期，第47~52页。

[2] 郑振香：《侯家庄1001号大墓的年代与相关问题》，载张政烺先生九十华诞纪念文集编委会编：《揖芬集——张政烺先生九十华诞纪

对 1001 号大墓相关出土物，认为 1001 号大墓的时代
与王陵东区 59 武官 M1 的时代最接近，而 59 武官 M1
是学术界比较一致认可的殷墟文化第一期的墓葬[1]。所
以郑先生认为 1001 号大墓应属于第一期晚段，而不
是第二期，其年代约相当于武丁早期，墓主应是早于
武丁的一位殷王。郑先生还认为 1978 年清理的侯家
庄北地一号墓，从其出土白陶假腹豆等物判断，时代
应早于 1001 号大墓，其墓主大概是盘庚迁殷后不久
死去的一位殷王或王室成员[2]。

　　郑振香先生认为 1001 号大墓属于殷墟文化第一
期的结论迄未得到学术界大多数学者的认可，似值得
进一步商榷。但她对 78 侯家庄北地一号墓时代及墓
主的看法很值得重视。目前学术界普遍认为，王陵西
区 1001 号大墓属于殷墟文化第二期且在三座二期四

　　念文集》，北京：社会科学文献出版社，2002 年 5 月第 1 版第 1 次
　　印刷，第 63~75 页。

[1]　中国社会科学院考古研究所安阳工作队：《安阳武官村北的一座殷
　　墓》，《考古》1979 年第 3 期，第 223~226 页、图版一～四。

[2]　中国社会科学院考古研究所安阳工作队：《安阳侯家庄北地一号墓
　　发掘简报》，载《考古》编辑部编：《考古学集刊》第二集，北京：中
　　国社会科学出版社，1982 年 12 月第 1 版第 1 次印刷，第 35~40 页。

墓道大墓（1001、1550、1400）中数最早。而在殷墟文化第二期去世的殷王先后只有武丁、祖庚与祖甲三位，故多数学者倾向于认为1001号大墓可能是殷王武丁之墓[1]。而时代比1001号大墓（武丁墓）早，且礼仪地位又较高的78侯家庄北地一号墓，较有可能是盘庚迁殷后第一个直系先王——武丁生父小乙之墓。认为78侯家庄北地一号墓有可能是小乙之墓，需要摒弃对坑穴规模的偏见，因为78侯家庄北地一号墓的坑穴规模较小。

关于坑穴规模的问题，我们认为需要从时代发展演变的角度去思考。虽然1001号大墓以降，殷墟不仅有八座带四条墓道的顶级大墓，而且还有不少带一或两条墓道的次级大墓，甚至一些普通高级贵族的墓葬虽然没有墓道，规模也比较大，但这并不表明殷墟为都伊始就有带四条墓道的大墓或贵族墓葬坑穴规模普遍就很大。因为盘庚迁殷之初沿用的应该还是先前二里冈时期的旧制，四墓道大墓的出现以及贵族墓葬坑穴规模的普遍扩大可能需要一个过程，殷王并不是

---

[1] 曹定云：《论殷墟侯家庄1001号墓墓主》，《考古与文物》1986年第2期，第44~50页。

一开始就采纳四墓道大墓的葬制。这个问题，曹定云先生早年曾经讨论过[1]。他认为不能推断武丁以前的王陵也是带四条墓道的大墓，殷墟早期王室成员的埋葬制度可能在不断变化，直到武丁晚年才最后确定形成。曹先生的论断有不少合理成分。

湖北黄陂盘龙城李家嘴 M2 的时代可能早于盘庚迁殷，但已比较接近，它是目前考古发现的所有商代前期贵族墓葬中等级最高的墓葬，出土 4 套青铜觚爵，通高 55 厘米的青铜锥足鼎以及中国先秦时期最长、通高 41.4 厘米的大型青铜钺等物[2]，礼仪等级比当时王都郑州商城发现的等级最高、出土 2 套觚爵的白家庄 M3 墓葬[3]明显要高。李家嘴 M2 随葬品仅比当时王都郑州商城内城近旁窖藏坑所出土的早商商王所有

[1] 曹定云：《殷代初期王陵试探》，载文物编辑委员会编：《文物资料丛刊》(10)，北京：文物出版社，1987 年 3 月第 1 版第 1 次印刷，第 80~87 页。

[2] 湖北省文物考古研究所编著：《盘龙城——1963~1994 年考古发掘报告》(上)，北京：文物出版社，2001 年 8 月第 1 版第 1 次印刷，第 169、177 页。

[3] a. 河南文物工作队第一队：《郑州市白家庄商代墓葬发掘简报》，《文物参考资料》1955 年第 10 期，第 24~42 页；b. 河南省文物考古研究所编著：《郑州商城——1953~1985 年考古发掘报告》上册，北京：文物出版社，2001 年 10 月第 1 版第 1 次印刷，第 583 页。

的青铜大方鼎等器物[1]等级低。但李家嘴 M2 开口面积仅 12 平方米，且没有墓道[2]。新中国成立前在小屯宫殿宗庙区丙区建筑基址群北部丙五与丙六之间发现的 YM331[3]，墓主约下葬于武丁继位前后，虽然只出土 3 套觚爵，但它沿用的是二里冈上层时期的旧式礼制，随葬罕见的青铜方爵 2 件及白陶礼器等，说明它实际上等级地位很高，然开口面积只有 6.665 平方米，亦没有墓道。前引王陵东区 59 武官 M1，墓主亦约下葬于武丁继位前后，出土 2 套觚爵，沿用的也是二里冈旧式礼制，有 4 个人牲头骨，是西北冈王陵东区最早下葬的墓葬，等级地位亦很高，但开口面积只有 7.5 平方米，没有墓道。由此可见在盘庚迁殷前后，很多等级很高的商文化贵族墓穴均没有墓道，开口面积

[1] 河南省文物考古研究所、郑州市文物考古研究所编著：《郑州商代铜器窖藏》，北京：科学出版社，1999 年 2 月第 1 版第 1 次印刷，第 75~77 页。

[2] 湖北省文物考古研究所编著：《盘龙城——1963~1994 年考古发掘报告》（上），北京：文物出版社，2001 年 8 月第 1 版第 1 次印刷，第 152 页。

[3] 石璋如：《中国考古报告集之二·小屯·第一本·遗址的发现与发掘：丙编·殷墟晚商墓葬之五·丙区墓葬》上册，台北："中研院"历史语言研究所，1980 年 12 月第 1 版第 1 次印刷，第 39 页。

也多在 10 平方米以下，极少数可达十几平方米。而
1978 年在西北冈王陵西区清理的侯家庄北地一号墓[1]，
开口面积在 40 平方米以上，南面还带有一条长 7 米
多、宽 3 米多的墓道。如果以二里冈上层时期以来的
旧制衡量，该墓的坑穴规模已经算很高的级别了。而
且该墓出土了非常多的白陶礼器碎片，这一点使其他
任何一座殷墟王陵区大墓都远逊于它[2]。所以郑振香先
生以为它可能是盘庚迁殷后不久去世的一位殷王或重
要王室成员的墓葬是有道理的，进一步延展推测它可
能是盘庚迁殷之后第一位直系先王——武丁生父小乙
之墓，也不是十分突兀。

[1] 中国社会科学院考古研究所安阳工作队：《安阳侯家庄北地一号墓
发掘简报》，载《考古》编辑部编：《考古学集刊》第二集，北京：中
国社会科学出版社，1982 年 12 月第 1 版第 1 次印刷，第 35~40 页。

[2] a. 中国社会科学院考古研究所安阳工作队：《安阳侯家庄北地一号
墓发掘简报》，载《考古》编辑部编：《考古学集刊》第二集，北京：
中国社会科学出版社，1982 年 12 月第 1 版第 1 次印刷，第 35~40 页；
b. 中国社会科学院考古研究所安阳工作队：《1978 年安阳殷墟王陵
区侯家庄北地一号墓发掘报告》，《江汉考古》2017 年第 3 期，第
20~56 页。

2. 王陵东区武官村大墓墓主可能为小王孝己

梁思永先生等当初为考古记录的方便，将殷墟西北冈王陵区划分为东、西两区。但从几十年的实际考古调查与发掘结果看，王陵东、西两区的区别不仅是殷人当初有意的规划，而且两区的差异确实比较大。王陵西区内除去少量祭祀坑与陪葬坑外，其余均为殷王陵墓，是很纯粹的王陵区，等级最高。王陵东区内既有四墓道、二墓道和单墓道大墓，也有84M259、59武官M1这样的无墓道墓，埋葬人员显然不纯粹，而且还有大批独立存在、显然不专属于王陵东区的墓葬和一些有"喧宾夺主"之嫌的祭祀坑，故丧葬礼仪等级明显低于王陵西区。王陵东区内的带墓道大墓历史上也是多次惨遭盗掘，盗余之物很少，因此学术界对东区内诸墓墓主的判断分歧较大。1988年曹定云先生撰文认为东区武官大墓墓主应为武丁法定配偶之一的妣癸。[1] 宋镇豪先生则认为武官大墓墓主为祖庚之

---

[1]　曹定云:《殷墟武官村大墓墓主试探》,《中原文物》1988年第3期,第39~47、26页。

配母己或母癸。[1] 王陵东区内墓葬的排列似乎应是从
早至晚、自东向西布置，例如约在武丁即位前后下葬
的59武官M1处在东区最东南的方位，是东区最早的
墓葬。其他几座大墓，如武官大墓出土物就显示出早
于其西1400大墓与其西南84M260（司母戊或曰姤戊
大方鼎墓）的迹象。武官大墓位置在东区很靠东，因
此是东区最早的大墓，这基本上是学术界很多人的看
法。武官大墓是整个殷墟规模最大的带两条墓道的大
墓，其墓主的礼仪等级地位应该仅次于享有四墓道大
墓的晚商殷王。东周秦汉间文献言及商周时期礼仪等
级最高的三类贵族，累见"王、后、世子"的文字先
后排列，似乎以为最高等级者为商王与周王，其次为
其各自的后，再次才是立为储君的太子。但更可能的
情况是，由于"王与后同庖"一体，故紧接连言，并
不表明后之礼仪等级地位一定就高于立为储君的太
子。两周之际的三门峡虢国墓地有明确的太子墓[2]，其

[1]　宋镇豪：《试论殷墟武官大墓的年代和性质》，《文博》1988年第1期，
　　　第29~36页。

[2]　a. 中国科学院考古研究所编著：《上村岭虢国墓地》，北京：科学出
　　　版社，1959年10月第1版第1次印刷，第28~31页；b. 河南省文
　　　物考古研究所、三门峡市文物工作队编著：《三门峡虢国墓（第一

祔葬车马坑与随葬青铜鼎簋等近于同墓地虢国国君，而明显优于同墓地国君夫人所属，并且尚有虢国国君夫人不能随葬的青铜礼乐器，丧葬礼仪地位显然高于国君夫人。武丁太子孝己在甲骨文中有"祖己""父己""兄己""小王孝己"等称谓，等级地位很高，晚商周祭祀谱中也有他的祀位。孝己由于先武丁而死，所以没能真正即位为王。他应死于武丁在位时期，此与学术界一般认定的武官大墓所处的殷墟文化第二期偏早阶段也基本相当。因此，考虑到武官大墓如此高的丧葬等级，我们推断它有可能是小王孝己之墓，而非学术界一般认为的某位王配之墓。亲历武官大墓考古发掘的郭宝钧先生，在发掘报告中表明墓内殉葬人"一边有侍从，一边有姬妾"[1]，似乎其第一感觉也认为，武官大墓墓主或为男性。

卷）》，北京：文物出版社，1999 年 12 月第 1 版第 1 次印刷，第 317~379 页。

[1] 郭宝钧：《一九五〇年春殷墟发掘报告》，载中国社会科学院考古研究所编：《中国考古学报》第 5 册第 1、2 分合刊，北京：中国科学院，1951 年 12 月第 1 版第 1 次印刷，第 1~61 页、图版一～四五。

3. 王陵东区 1400 号大墓墓主可能为祖庚，1443 号大墓墓主可能为武丁法定配偶之一、殷王祖庚生母妣癸，司母戊（姤戊）大方鼎墓（84M260）墓主可能为武丁法定配偶之一、殷王祖甲生母妣戊

多数学者推定王陵西区 1001 号大墓有可能是武丁之墓，则西墓道打破 1001 号大墓南墓道、因而晚于 1001 号大墓的二期王陵 1550 号大墓墓主仅余祖庚与祖甲两种可能。两相比较，1550 号大墓墓主为祖甲的可能性更大一些。因为每一位商王的丧事都应该是在继任商王的主持下最终完成的。祖甲继其兄祖庚为王之后，无论是从维护晚商王室不断加强王权、努力"纯洁"父死子继王位传承制度的大势出发，还是从确立与稳固自己直系先王身份等级的角度，都可能将其兄祖庚葬在丧葬礼仪等级较王陵西区低一等的王陵东区，而不太可能将其葬在等级最高的王陵西区。如此，则王陵东区 1400 号大墓有可能是晚商倒数第二个旁系先王祖庚之墓。在卜辞祭礼中，旁系的礼遇明显低

于有子继位为王的直系。据卜辞材料，旁系先王也没有可独自享用的宗庙庙室。[1] 由此我们推测旁系先王的丧葬规格也应低于直系先王，因为他们的丧事一般是在其弟或非亲生子主持下最终完成的，"待遇"很有可能要低于亲生子主持下的丧葬。

殷墟王陵东区 1443 号大墓南墓道被 1400 号西墓道打破，二墓南北纵列。殷墟墓葬夫妻关系的多左右并列（若夫妻皆头北葬，则男西女东），父母与子女等不同辈关系的则南北纵列（若墓主头北，一般是长辈在北，子女辈在南），故不排除殷墟王陵东区 1443、1400 两座大墓墓主为母子关系的可能。头北夫妻东西并列、头北父母与子女南北纵列的墓穴布局原则在西汉早期仍被遵循，如长沙马王堆二号墓（墓主为轪侯利苍）与一号墓（墓主为利苍夫人辛追）东（辛追墓）西（利苍墓）并列，利苍夫妻之子墓（三号墓）置于辛追墓（一号墓）之南。虽然辛追可能比其子还要晚去

---

[1] 朱凤瀚：《殷墟卜辞所见商王室宗庙制度》，《历史研究》1990 年第 6 期，第 3~19 页。

世几年[1]（考古也发现辛追墓墓室南端打破其子墓之北墓道，说明辛追下葬较晚），但其墓仍置于其子墓之北。1443号大墓出土有刻有"妻"字铭的骨管，或暗示墓主是女性。晚商乙辛周祭卜辞显示殷王武丁有妣辛、妣癸和妣戊三位法定配偶入祀谱，依祀序看，可能是妣辛（妇好）最先去世，妣癸继之，妣戊（娠戊大方鼎主人）最后。妇好墓的发现可以基本确定武丁法定配偶中的妣辛是妇好，她葬于小屯宫殿宗庙区西南墓区内的妇好墓；司母戊（娠戊）大方鼎墓（王陵东区84M260）的发掘基本确定该墓墓主为武丁另一法定配偶妣戊。剩下最后一个法定配偶妣癸，前引学者或以为她是武官大墓墓主，但武官大墓墓主如上所论有可能是小王孝己。如此，则妣癸或是1443号大墓的墓主。如果1400号大墓果属祖庚，则妣癸可能是祖庚的生母，故二人墓穴在空间上南北纵列在一起。祖庚墓（1400号大墓）西墓道有意打破妣癸墓（1443号大墓）南墓道，既说明祖庚后其母妣癸而崩，也表示二人之间有

[1] 湖南省博物馆、湖南省文物考古研究所编著：《长沙马王堆二、三号汉墓》第一卷，北京：文物出版社，2004年7月第1版第1次印刷，第3页图二、第237~240页。

特别的亲缘关系，不排除妣癸恰薨于祖庚为王之时。

在乙辛周祭祀谱中，河亶甲的配偶未被列入，因此，河亶甲应是一位旁系先王。旁系先王不可能是直系先王之父，故《史记·殷本纪》云直系先王祖乙为河亶甲子的说法应该是错误的。《汉书·古今人表》云祖乙为河亶甲弟，可能是史实。王国维先生曾从《汉书》之说。[1]陈梦家先生早年亦推测祖乙与河亶甲可能为兄弟，同为中丁之子。[2]许进雄、张光直二先生亦持此说。[3]周祭除遍祀所有商王而外，尚享祭直系先王的部分配偶。大多数直系先王只有一个配偶入享，有两或三个配偶入祭者仅三见：中丁（妣己、妣癸）、祖乙（妣己、妣庚）、武丁（妣辛、妣癸、妣戊）。这三位有两或三个配偶入享于周祭祀典的先王均有二子以上入于周祭祀谱，即均有两个或更多的儿子继位为王

[1] 王国维：《殷周制度论》，载《观堂集林》卷十，北京：中华书局，1959年6月第1版第1次印刷，第451~480页。

[2] 陈梦家：《殷墟卜辞综述》，北京：科学出版社，1956年7月第1版第1次印刷，第369页。

[3] a.许进雄：《殷卜辞中五种祭祀的研究》，台北：台湾大学文学院，1968年6月第1版第1次印刷，第32页；b.张光直：《中国青铜时代》，北京：生活·读书·新知三联书店，1983年9月第1版第1次印刷，第142页。

或曾被立为太子。依前述，河亶甲乃祖乙之兄，二人
同为中丁之子；祖乙有祖辛、羌甲二子先后继位为王；
武丁有祖庚、祖甲二子即位，另有太子祖己列于周祭
祀典。许进雄先生经过考察后发现，周祭祀谱中王配
妣的数目一定小于其曾立太子和即位的儿子的数目，
因此他怀疑殷代先妣之所以入祀，是在其有子为王或
被立为太子的缘故。[1] 曾有学者怀疑许进雄先生的论
点，认为入祀周祭的先妣是曾被立为正后者，而不论
其是否有子继位为王。[2] 另有学者举中丁有妣己、妣
癸二后入周祭祀典却只有祖乙一子继位，祖辛有妣甲、
妣庚二配受特祭却仅得祖丁一子为王，以及《史记·殷
本纪》"帝乙长子曰微子启，启母贱，不得嗣。少子辛，
辛母正后，辛为嗣"等三证，推断商代各王有立法定
配偶之制。[3] 虽然由于河亶甲可能为祖乙兄，则所谓
中丁有二后入典却只有一子为王之论或许已不能成

[1] 许进雄：《殷卜辞中五种祭祀的研究》，台北：台湾大学文学院，
1968 年 6 月第 1 版第 1 次印刷，第 28 页。

[2] 常玉芝：《商代周祭制度》，北京：中国社会科学出版社，1987 年 9
月第 1 版第 1 次印刷，第 112 页。

[3] 杨升南：《从殷墟卜辞中的"示"、"宗"说到商代的宗法制度》，《中
国史研究》1985 年第 3 期，第 3~16 页。

立,而且据陈梦家[1]、常玉芝[2]等先生排定的周祭祀谱,祖辛仅妣甲一配入周祭祀谱,祖辛奭妣庚并未列入乙辛周祭祀典,但商王室早已有立正后（即所谓法定配偶）之制则是基本可以肯定的。因为册立正后是确保王权父死子继的最有效手段之一。不仅前述《殷本纪》"辛母正后"之语可直接证明册封正后之事,而且上引祖辛配妣庚固然不能入周祭祀谱,但也享有一些特别的祭祀,可能就是由于她曾被立为正后。不过,立为正后的王配,如果没有为王诞下男丁,或虽诞下男丁但男丁未长大成人或未被立为太子,她照样不能入最为神圣和严肃的殷末周祭祀典。有亲子继位为王或至少被立为太子是最硬核的指标。综合来看,许进雄先生的结论比较正确。因为若河亶甲果为祖乙之兄,则许先生的论点可用于全部见于周祭祀典的先妣事例。而具体到殷王武丁,其有三配入周祭祀谱,又恰有一子祖己为太子与二子祖庚和祖甲先后为王,则有可能

---

[1] 陈梦家:《殷墟卜辞综述》,北京:科学出版社,1956 年 7 月第 1 版第 1 次印刷,第 382 页。

[2] 常玉芝:《商代周祭制度》,北京:中国社会科学出版社,1987 年 9 月第 1 版第 1 次印刷,第 110 页。

是入周祭祀谱三配与入周祭三子一一对应。曹定云先生曾认为孝己是妇好之子[1]，较有道理。妇好（妣辛）、妣癸、妣戊三人同为武丁的法定配偶，但妇好墓不仅不在王陵区、规模很小、没有墓道，而且其他丧葬礼遇也比司母戊（姤戊）大方鼎墓（84M260）和1443号大墓等王陵区大墓低很多。仅用武丁时期礼制初创、制度不定等缘由无法圆满解释，因为丧葬礼遇差别太大。或许其中最关键的原因在于，妇好之子孝己虽然曾被立为王储，但并未真正继位为王。如果妣癸确为祖庚之母，则妣戊应为祖甲生母。妣癸与妣戊之子均曾真正继位为王，故最终妣癸与妣戊的丧葬等级远高于妣辛。而且妣癸有可能恰薨于其子祖庚为王之时，妣戊也有可能恰薨于其子祖甲为王之时，故二人均得到很高的丧葬礼遇。据常玉芝先生排定的周祭祀谱[2]，武丁三个法定配偶中，妣辛最先去世，其次是妣癸，最后是妣戊。孝己肯定早于其父武丁而死，至于他与

[1] 曹定云：《"妇好"、"孝己"关系考证——从妇好墓"司母辛"铭文谈起》，《中原文物》1993年第3期，第70~79页。

[2] 常玉芝：《商代周祭制度》，北京：中国社会科学出版社，1987年9月第1版第1次印刷，第110页。

生母妇好二人的薨亡先后顺序，则不太容易判断。杨升南先生以为殷墟花东 H3 卜辞中的"子"指的是武丁太子孝己，孝己可能在其母妇好死后不久去世。[1] 即使妇好死时，其子孝己尚存，她也只是一个王储的母亲，而不是真正商王的母亲，因此丧葬规格不会太高；如果妇好逝时，作为王储的其子孝己已死，她的丧葬规格可能会更低。妇好虽然是甲骨文中很显赫的人物，而且因为某种原因还成为很少几个有自己独立庙室（"母辛宗"）的殷人先妣之一[2]，但没有儿子真正继位为王这个最致命的"硬伤"，让她最终的丧葬礼遇大打折扣，而丧葬规格其实才是一个商代贵族最核心的身份等级标志。唐杜佑《通典》卷五十《禘祫下》引吏部郎中柳冕等十二人议曰："父为士，子为天子，祭以天子，葬以士。"可见葬礼最能确切反映被埋葬贵族的真实身份。正因为此，唐宋明诸朝君主多次高规格改葬先祖

[1] 杨升南：《殷墟花东 H3 卜辞"子"的主人是武丁太子孝己》，载李雪山等主编：《甲骨学 110 年：回顾与展望——王宇信教授师友国际学术研讨会论文集》，北京：中国社会科学出版社，2009 年 11 月第 1 版第 1 次印刷，第 154~160 页。

[2] 朱凤瀚：《殷墟卜辞所见商王室宗庙制度》，《历史研究》1990 年第 6 期，第 3~19 页。

（明世宗改兴献王陵为帝陵规制是最为典型的例子），用以掩盖自己非帝亲子等方面的缺陷，从而提升、巩固自身的礼仪地位。

4. 王陵东区 M1129 号大墓墓主可能为殷王廪辛

前述祖庚作为晚商倒数第二个旁系先王，虽然见于乙辛周祭祀谱，但在晚商不断加强建设父死子继直线传承制度的努力中，其陵墓有可能被排挤出等级最高的王陵西区而安置在王陵东区。而作为晚商最后一个旁系先王的廪辛，则根本不见于周祭祀谱。部分学者因此怀疑廪辛一王的存在。[1] 然《史记·殷本纪》中有廪辛一王，《屯南》（全名:《小屯南地甲骨》）2281 与《甲骨缀合新编》588 等武乙卜辞中有"父辛"称

---

[1] a.〔日〕岛邦男:《殷墟卜辞研究》，台北：鼎文书局，1975 年 12 月第 1 版第 1 次印刷，第 71 页；b. 郑慧生:《孝己的存在与祖己卜辞的有无》，载殷墟博物苑、中国殷商文化学会编:《殷墟博物苑苑刊（创刊号）》，北京：中国社会科学出版社，1989 年 8 月第 1 版第 1 次印刷，第 122~128 页；c. 常玉芝:《商代周祭制度》，北京：中国社会科学出版社，1987 年 9 月第 1 版第 1 次印刷，第 110、138 页；d. 王宇信、杨升南主编:《甲骨学一百年》，北京：社会科学文献出版社，1999 年 9 月第 1 版第 1 次印刷，第 471 页。

谓，三期甲骨《合集》(全名:《甲骨文合集》) 27622、27633 中又有"兄辛"的称谓。尤其是粹 341 云:"辛亥卜，其又岁于三祖辛。"郭沫若先生考证云:"准'四祖丁'为祖丁之例，此'三祖辛'当是廪辛。其前有祖辛、小辛。此居第三位也。"[1] 殷人虽然对其死去的未及王位的男性亲属及其配进行祭祀，但一般均止于诸父、诸兄与其配，未及王位的祖辈及以上者中鲜见有被祭者。粹 341 片的字体特征约属三四期，最晚至文丁之时，该片很有可能是文丁对廪辛的祭祀之辞。因此，仅据没被列入周祭这一条证据，尚难否定晚商廪辛一王的存在。对于廪辛问题的处理，裘锡圭先生的说法较为合理，其云:"(晚商无廪辛一王的)说法不一定正确，但是从廪辛被排挤出周祭这件事来看，康丁的后人显然是不承认他的正常地位的。"[2] 常玉芝先生亦推测"中壬、沃丁、廪辛，或者不曾即位为王，或者虽曾即位为王，但由于某种原因而被摒弃于周祭

---

[1] 郭沫若:《郭沫若全集·考古编》第三卷《殷契粹编》，北京:科学出版社，2002 年 10 月第 1 版第 1 次印刷，第 458 页。

[2] 裘锡圭:《关于商代的宗族组织与贵族和平民两个阶级的初步研究》，载中华书局编辑部编:《文史》第 17 辑，北京:中华书局，1983 年 6 月第 1 版第 1 次印刷，第 1~26 页。

之外了"[1]。虽然晚商有廪辛一王还是可以基本肯定的，但如果完全忽视他被排除于乙辛周祭祀谱之外的事实，也不是很科学的态度。实际上，作为有商一代最后一个旁系先王，廪辛所遭遇的"降格礼遇"正是整个晚商时期嫡庶观念逐渐加深、王权不断加强与王位传承制度门益稳固和成熟的必然结果。在诸种礼仪场合排挤作为旁系的廪辛，正是努力"纯洁"父死子继制度的表现。故如果倒数第二个旁系殷王祖庚的葬所尚被排挤至王陵东区，则最后一个旁系殷王廪辛的葬所也只能在王陵东区内寻找。

如前所述，殷墟王陵东区诸墓的排列原则类于王陵西区，即王陵东、西二区皆为自早至晚、从东向西依次下葬诸墓墓主。如此，则东区位置最靠西的 M1129 号大墓有可能是东区最晚下葬的墓穴。东区大墓多属殷墟文化第二期，但最晚的 M1129 则有可能已进入殷墟文化第三期之初。而殷王廪辛恰是在殷墟文化第三期之初去世埋葬的，故殷王廪辛可能是王陵东区 M1129 号大墓的墓主。M1129 只有两条墓道，规格

---

[1] 常玉芝：《商代周祭制度》，北京：中国社会科学出版社，1987年9月第1版第1次印刷，第110页。

显然低于其他商王墓葬，此点与殷王廪辛反映于甲骨文中的较低地位恰相互印证。

5.1217号大墓墓主可能为殷王帝乙

前引杨锡璋先生文[1]推断王陵西区1004、1002、1500、1217四座大墓时代为殷墟文化第三期，按照王陵西区大墓自早至晚、自东向西、先北后南的排列顺序，处于最西墓组南部的1217号大墓应为上述四座大墓中最晚下葬者。再结合墓中所出土陶器等物的时代特征判断，1217号大墓时代有可能晚至殷墟文化第四期之早段。故不排除1217号大墓墓主为殷王帝乙的可能。

1217号大墓东墓道打破侯家庄北地一号墓墓道南端，我们以为可能是有意而为，或表明1217号大墓墓主与侯家庄北地一号墓墓主之间有某种特殊关系，这种关系可能就是两位墓主同昭穆，而殷王小乙与帝乙恰同昭穆。卜辞殷王甲乙日名的产生，自古以来有生日、死日、葬日与卜选诸说。其中李学勤先生的死

---

[1] 杨锡璋:《安阳殷墟西北冈大墓的分期及有关问题》,《中原文物》1981年第3期，第47~52页。

后卜选说[1]较为合理。略微观察自大丁以降的商王日名，即会发现一个值得注意的现象：大丁孙辈有沃丁（《殷本纪》中有此王，殷墟卜辞中无），沃丁孙辈有中丁；大甲孙辈有小甲，小甲孙辈有河亶甲（《汉书·古今人表》以为河亶甲为中丁子，则为小甲孙辈）；祖丁日名为丁，其孙武丁日名复为丁，武丁孙康丁日名再为丁，康丁孙文丁日名仍为丁；小乙日名为乙，其孙辈祖己、祖庚与祖甲三人日名均不为乙，但祖己、祖庚与祖甲三人的孙辈武乙日名为乙，武乙孙帝乙日名复为乙。能继承王位的商王室成员毕竟是少数，若所有王室成员逝后日名均可保留下来，也许前揭祖孙同日名现象可能就更多。由此，至少可以得出这样一个结论：祖孙崩后日名不是必须同，但同日名现象比较多。而父子同日名的现象尚未发现一例，即令叔伯与堂侄之间同日名者，也仅见南庚与盘庚一处。依古礼昭穆之说，祖孙同昭穆、父子异昭穆，晚商殷王日名祖孙常见相同、父子无相同之情形或暗示晚商昭穆制度的存在。当然，依照古昭穆礼，兄弟亦同昭穆，但

---

[1] 李学勤:《评陈梦家殷墟卜辞综述》,《考古学报》1957 年第 3 期,第 119~130 页。

亦不见兄弟崩后日名同的现象。个中解释可有两个：第一，一世兄弟昆仲数人，若日名同，则区分较为困难，实际操作难度大，故不得不异日名；第二，仅在这一代数位兄弟昆仲先王之内，可能采纳"为人后者为人子"（即后继位为王者为前任之"子"，而不论实际生物学关系如何）的原则，有意异兄弟之日名，但若有三或四位兄弟先后继位为王，则不形成"祖孙"关系，皆仅考虑前后相继二位之间的王位继承方面的异昭穆"父子"关系。

王陵西区南北纵列的两座大墓墓道之间一般只有一处打破关系，显示二者之间是父子关系。但 1004 号大墓与 1001 号大墓之间则有两处打破关系，即 1004 号大墓东墓道打破 1001 号大墓北墓道，其南墓道又打破 1001 号大墓西墓道，显示出 1004 号大墓墓主（可能为康丁）与 1001 号大墓墓主（可能为武丁）之间有比较特殊的关系，这种特殊关系可能就是同昭穆。前论墓主同昭穆的 1217 号大墓与侯家庄北地一号墓之间只有一处打破关系，是因为侯家庄北地一号墓只有一条墓道，无法形成两处打破关系。

6.1003 号大墓墓主可能为殷王帝辛

若 1217 号大墓墓主果为帝乙，则学术界大多数学者均认为时代晚于 1217 号大墓的 1003 号大墓的墓主就颇值得探讨。

《史记·周本纪》云周武王伐纣，在商纣自焚而死后，武王"以黄钺斩纣头，悬太白之旗"。《逸周书·世俘解》复言周人将其头颅带回周都，在周庙行献俘礼。所以有学者怀疑商纣帝辛是否得到正常埋葬，如前引杨锡璋先生即推测，1003 号大墓南边的无墓道大方坑本为商纣葬所，因商纣自杀且被斩头，故未被正常埋葬[1]。但《史记·殷本纪》与《周本纪》皆云武王伐纣之后，并没有对商人进行大规模杀戮或压制，而是采取一系列怀柔的政策与措施，并封纣子武庚以续殷祀。作为"罪魁祸首"的商王帝辛，虽然饱受周人谴责，但考虑到当时的政治形势，也有可能准许以一定档次的丧礼对其进行埋葬。殷墟不少遗存的绝对年代可能已进入西周初年，殷墟真正成为废墟可能是在武庚叛

---

[1] 杨锡璋：《安阳殷墟西北冈大墓的分期及有关问题》，《中原文物》1981 年第 3 期，第 47~52 页。

乱被平定以后。[1] 这个情况也可证明，武王伐纣之后、武庚叛乱之前，殷墟的政治军事形势还是相对平和的。

《周礼·春官·冢人》云："凡死于兵者，不入兆域。"从许多当代考古学实例来看，此论不确。考古学材料表明的是：包括"死于兵者"在内的凶死者，是"入兆域"或族墓地的，只不过墓穴在墓地内的具体位置和丧葬方式与正常死亡者（或曰"薨于路寝"者）不太一样。顾炎武《日知录》卷五亦云："得罪而见杀者，亦未尝不入兆域也。"

北赵晋侯墓地以位处兆域中心的 M112 埋葬早夭的太子以体现对他的特别关心与体恤、以位处兆域中间西端尊位的 M91 和 M92 墓组埋葬殉难的晋靖侯夫妇以展示对其的旌表、以兆域外西北角"加塞儿"埋葬篡位的晋殇叔夫妇以表达对其的贬责，皆属特别葬例（容后文详论）。

综合近年来的考古发现看，1923 年清理的李家楼

---

[1] 唐际根、汪涛:《殷墟第四期文化年代辨微》，载中国社会科学院考古研究所夏商周考古研究室编:《三代考古（一）》，北京：科学出版社，2004 年 9 月第 1 版第 1 次印刷，第 178~193 页。

大墓[1]的位置确实有些偏。郑国公室主体陵墓区应在东城西南部的后端湾陵区[2]，而1923年李家楼大墓显然在其西北面。联系到《周礼·春官·冢人》"凡死于兵者，不入兆域"之论，李家楼大墓墓主有可能为凶死而被埋葬于墓区之边缘。王仁湘先生认为，原始墓地的逆向墓多掘于墓地边缘地带。[3]依据李家楼器群的时代特征及对"王子婴次炉"的考证，李家楼大墓墓主只能是卒于前571年的郑成公或卒于前566年的郑僖公[4]。成公正常死亡，而其子僖公被其相子驷毒死，为凶死。这样看来，李家楼大墓墓主最有可能是郑僖公。

[1] 河南博物院、台北历史博物馆编：《新郑郑公大墓青铜器》，郑州：大象出版社，2001年10月第1版第1次印刷，第8~53页。

[2] a. 河南博物院、台北历史博物馆编：《新郑郑公大墓青铜器》，郑州：大象出版社，2001年10月第1版第1次印刷，第33页；b. 中国考古学会编：《中国考古学年鉴（2002）》，北京：文物出版社，2003年10月第1版第1次印刷，第266~268页；c. 国家文物局主编：《中国重要考古发现（2001）》，北京：文物出版社，2002年9月第1版第1次印刷，第56~61页。

[3] 王仁湘：《中国史前考古论集》，北京：科学出版社，2003年3月第1版第1次印刷，第259～271页。

[4] 李学勤：《新郑李家楼大墓与中国考古学史》，载河南博物院、台北历史博物馆编：《新郑郑公大墓青铜器》，郑州：大象出版社，2001年10月第1版第1次印刷，第8~10页。

此类事例亦见于文献记载。如《左传·襄公二十五年》云:"崔氏侧庄公于北郭。丁亥,葬诸士孙之里,四翣,不跸,下车七乘,不以兵甲。"杜注曰:"侧,瘗埋之,不殡于庙。""士孙,人姓,因名里。死十三日便葬,不待五月。""丧车之饰,诸侯六翣。""跸,止行为。""下车,送葬之车。齐旧依上公礼,九乘,又有甲兵。今皆降损。"可见凶死的齐庄公不仅被降损礼以葬且被埋于特殊的穴位,不过仍在城郭的姜齐兆域中。再如据《左传·定公元年》记载,鲁季孙欲沟绝"内不容于臣子,外不容于齐、晋"且未殡于路寝的昭公的兆域,不使与先君同。虽经荣驾鹅之劝告,仍将昭公葬于墓道之南。后来孔子为司寇时方沟合之。

综上,虽然殷末王帝辛自杀且被斩头,但并不意味着他就要被弃尸街头。考虑到灭商之初,周人竭力笼络商人的大势,末王帝辛有可能被以一定档次的仪节下葬,并由其子武庚主持葬礼。帝辛的墓穴最有可能是最晚的四墓道大墓——1003号大墓。帝辛凶死乃当时尽人皆知的事实,而他的墓穴时代最晚,却"加塞儿"于1500与1004号大墓之间,恰与新石器时代以降,非正常死亡者墓穴位置多较为特殊相符合,亦有类于前揭北赵晋侯墓地非正常"加塞儿"埋葬被袭杀的晋殇叔的墓（M93）例。

如果 1003 号大墓墓主为商末王帝辛，则 1003 号大墓南面的无墓道大方坑就有可能是为其子武庚预备的。武庚反叛被杀，彻底与埋葬无缘，四面墓道自然也均未来得及挖建。

若果如上述，则殷墟王陵西区内没有商王室最后两个旁系先王祖庚与廪辛之墓。其内的八位墓主，从早至晚，有这样一种可能：小乙可能为 78 侯家庄北地一号墓墓主，武丁可能为 1001 号大墓墓主，祖甲可能为 1550 号大墓墓主，康丁可能为 1004 号大墓墓主，武乙可能为 1002 号大墓墓主，文丁可能为 1500 号大墓墓主，帝乙可能为 1217 号大墓墓主，帝辛可能为 1003 号大墓墓主。这样，王陵西区埋葬的八位墓主均为晚商直系先王，显示出晚商在加强建设父死子继直线传承制度方面的努力。而王陵东区葬有小王孝己、商代最后两位旁系先王祖庚与廪辛、武丁法定配偶妣癸与妣戊等，有一定的排列规则，但规则显然没有西区的清晰。

（二）殷墟王陵区诸大墓墓穴昭穆排列规则探讨

1. 殷墟王陵西区侯家庄北地一号墓墓穴位置含义推测

与王陵西区内七座四墓道大墓相较，侯家庄北地一号墓不仅规模很小，而且其在西北冈王陵西区内似乎不太协调的位置，也颇让人费解。但我们从古代贵族宗庙祭祀制度中发掘出一些端倪。《春秋公羊传·文公二年》云："大祫者何？合祭也。其合祭奈何？毁庙之主，陈于太祖。"何休注曰："毁庙谓亲过高祖，毁其庙藏其主于太祖庙中。……陈者，就陈列太祖前。太祖东向，昭南向，穆北向，其余孙从王父，父曰昭，子曰穆。"[1]《礼记·大传》孙希旦集解云："天子大禘之祭，追祭始祖所自出于始祖之庙，始祖所自出之帝居西南隅东向之位，而始祖居东北隅南向之位而配

---

[1] 《十三经注疏》整理委员会整理:《春秋公羊传注疏·文公二年》，北京：北京大学出版社，2000年12月第1版第1次印刷，第326页。

食也。"[1]清初万斯同《庙制图考》云:"明季本《庙制考》义,用其诸庙并列之说,而以太祖居西,四亲庙以次而东。"[2]凡此皆有类同之处。依照上文对殷墟王陵区部分大墓墓主的推测,78侯家庄北地一号墓位处殷墟西北冈王陵西区西边居中,而七座四墓道大墓依次从早到晚、从东至西一南一北交替作两排布于其东面,这是一种较为典型的昭穆排列方式。此与《公羊传》何休注所云合祭先祖时,太祖神主与其他诸神主间的排列布局十分相近。

2. 殷墟王陵西区墓穴昭穆排列规则的几个晚期佐证

(1)徐州西汉楚王墓群的排列规则

江苏徐州附近山丘上发现许多西汉楚王陵墓[3],学

---

[1] 〔清〕孙希旦撰:《礼记集解》,北京:中华书局,1989年2月第1版第1次印刷,第903页。

[2] 方祖猷主编:《万斯同全集》第一册,宁波:宁波出版社,2013年12月第1版第1次印刷,第250页。

[3] 刘尊志:《徐州汉墓与汉代社会研究》,北京:科学出版社,2011年6月第1版第1次印刷,第23页图二-3。

者经过研究发现[1]：其第一代楚元王刘交及其王后墓挖建在最西面的楚王山上，墓道东向；第二位、第二代楚夷王刘郢客及其王后分别葬于东边相邻的狮子山与羊鬼山；第三位、第三代谋反被杀的楚王刘戊与其夫人则葬于狮子山与羊鬼山东北面的驮篮山 M1、M2；第四位、第二代楚文王刘礼及其夫人葬于北面的北洞山与桓魁石室，位置比驮篮山明显向西有所移动；第五位、第三代楚安王刘道之墓位置暂不明，或以为是西卧牛山汉墓[2]；但第六位、第四代楚襄王刘注之墓则明确位于西北面的龟山，空间位置均大踏步向西移动，明显靠近第一代楚元王刘交墓所在的楚王山。更为值得注意的是，刘交一系楚王国除外，西汉晚期汉宣帝另封的刘嚣一支楚王家族，又重新从东边的东洞山、南洞山一南一北左右交错开始，然后复向西推进至楚王山东南边的卧牛山一带，似乎因为是另起的一系，

---

[1] a. 刘尊志：《徐州两汉诸侯王墓研究》，《考古学报》2011 年第 1 期，第 57~98 页；b. 徐州博物馆、南京大学历史学系考古专业编著：《徐州北洞山西汉楚王墓》，北京：文物出版社，2003 年 11 月第 1 版第 1 次印刷，第 2 页图一。

[2] 耿建军：《徐州西汉楚王墓塞石的开凿与封填》，《考古》2013 年第 3 期，第 75~85 页。

所以可能重排墓穴之昭穆，但可能仍以楚元王刘交墓为"太祖"墓。徐州西汉楚王墓群的布局，学者或认为纯粹是历代楚王个人功利选择的结果，即最先下葬者选择最好的山丘，以后的楚王依次退而求其次，最终形成我们今天看到的布局；或以为在整体上似乎没有统一规划[1]。通过有关学者的研究，结合简单的分析，我们认为徐州楚王墓群的布局可能有一个一以贯之的整体规划。从某种意义上讲，徐州西汉楚王墓群就是一个"扩大版"的殷墟西北冈王陵西区，其整个布局情形和西北冈王陵西区非常相像。

（2）明鲁荒王祖孙三代及明梁庄王与其二女墓穴的排列规则

明鲁荒王墓园东北约 3.15 公里处为其子鲁靖王墓，东南约 2.45 公里处为其孙钜野僖顺王墓，三墓形成较为明确的祖墓居西，子孙墓分别以昭穆列于祖墓之东北、东南的形式。[2] 明梁庄王没有子嗣，但有

---

[1] 刘照建：《徐州西汉前期楚王墓的序列、墓主及相关问题》，《考古学报》2013 年第 2 期，第 213~238 页。

[2] 山东博物馆、山东省文物考古研究所编：《鲁荒王墓》（上），北京：文物出版社，2014 年 11 月第 1 版第 1 次印刷，第 3 页、第 4 页图三。

两个女儿遗世，分别被封为新宁郡主与宁远郡主。她们的墓葬布局在梁庄王墓的东面，且一南一北，似有祖位居西、子孙墓居东且分南北居的昭穆之义。[1]

（三）结语

综合上述，则殷墟王陵西区以居西的侯家庄北地一号墓为核心，其他七座四墓道大墓大致从早到晚、从东至西一南一北交替作昭穆两排布于侯家庄北地一号墓东侧南北两边。虽然不太精准，但仍是一种较为典型的墓穴昭穆排列方式，其穴位排列情形类于古代贵族宗庙内合祭祖先时诸神主的布局。殷墟西北冈王陵西区 78 侯家庄北地一号墓可能是小乙之墓。王陵西区内可能没有晚商两位旁系先王（殷王祖庚与廪辛）之墓，此二王之墓应在王陵东区。王陵西区 1003 号大墓可能是帝辛之墓。王陵东区武官村大墓可能为小王孝己之墓。殷墟王陵西区墓穴的排列情形，类于西汉楚王墓群陵墓布局与北赵晋侯墓地诸墓组之列置；

---

[1] 湖北省文物考古研究所、钟祥市博物馆编著：《梁庄王墓》（上），北京：文物出版社，2007 年 3 月第 1 版第 1 次印刷，第 2 页图一。

与西汉末年王莽在长安城南郊建设的"九庙"建筑群诸单体的布置，亦较为相似。上述诸例可能均模仿自古代贵族宗庙合祭先祖时，诸先祖神主（灵魂牌位）的布局形式。殷墟晚商王陵西区、西汉楚王墓群与北赵晋侯墓地的墓穴排列规则是中国古代高等级贵族墓地诸种墓穴排列方式中的　种。

六、晋侯墓地

——上古高等级贵族墓地规划制度的继承与完善

　　晋侯墓地自 1992 年春首次发掘，至 2000 年 10
月 ~ 2001 年 11 月又进行第六次发掘与后续发掘以
后 [1]，基本清理完毕，整个墓区的布局大致呈现出来 [2]。

---

[1]　a. 孙庆伟等：《天马——曲村遗址北赵晋侯墓地第六次发掘》，《文物》
　　2001 年第 8 期，第 4~21、55 页；b. 李伯谦：《晋侯墓地墓主之再研
　　究》，载北京大学中国传统文化研究中心编：《文化的馈赠——汉学
　　研究国际会议论文集》（考古学卷），北京：北京大学出版社，2000
　　年 8 月第 1 版第 1 次印刷，第 74~80 页；c. 李伯谦：《晋侯墓地的新
　　发现》，载国家文物局主编：《中国重要考古发现（2001）》，北京：
　　文物出版社，2002 年 9 月第 1 版第 1 次印刷，第 43~50 页；d. 李伯谦：
　　《晋侯墓地墓主推定之再思》，载张政烺先生九十华诞纪念文集编委
　　会编：《揖芬集——张政烺先生九十华诞纪念文集》，北京：社会科
　　学文献出版社，2002 年 5 月第 1 版第 1 次印刷，第 97~102 页。

[2]　孙庆伟：《周代用玉制度研究》，上海：上海古籍出版社，2008 年 8
　　月第 1 版第 1 次印刷，第 12 页图 1–6。

对于各墓组的具体归属及整个墓地的布局等问题，学术界的认识虽然差别不大，但学者们并未达成完全一致的意见。对于晋侯墓地的墓穴排列是否遵循文献所记载的昭穆原则，学者中有持否定态度者 [1]。之所以否认晋侯墓地遵循文献所言的昭穆制度，可能是受到《周礼·春官·冢人》"先王之葬居中，以昭穆为左右"条郑玄注云"昭居左，穆居右，夹处东西" [2] 的影响。从前论凌家滩及良渚反山与瑶山祭坛墓地等处的情况来看，其墓坑排列确实是东西两边布置的墓穴将始祖墓拱卫于中，此与郑玄所言相合。但综合凌家滩祭坛墓地以降以至明清中国古代几千年高级贵族墓地的全部规划情况来看，《周礼》郑玄注所言的昭穆"夹处东西"排列于"先王之葬"两边的情况只是数种排列方式中的一种。《春秋公羊传》何休注所云合祭时独置太祖神主于西而面东，诸昭居北面南，诸穆居南面北的

---

[1] a. 李伯谦：《从晋侯墓地看西周公墓墓地制度的几个问题》，《考古》1997年第11期，第51~60页；b. 孙华：《周代前期的周人墓地》，载《远望集——陕西省考古研究所华诞四十周年纪念文集》，西安：陕西人民美术出版社，1998年12月第1版第1次印刷，第265~289页。

[2] 《十三经注疏》整理委员会整理：《周礼注疏·春官·冢人》，北京：北京大学出版社，2000年12月第1版第1次印刷，第667页。

情形，显然也是上古高级贵族墓地排列墓穴的一种方法。前论涉及的殷墟西北冈王陵西区与徐州西汉楚王墓群可能即为其例。而目前正在讨论的晋侯墓地墓穴排列方法，似乎又是一种范例。唯一的一个重大区别在于：晋侯墓地的"太祖"墓 M114（晋侯燮父墓）与 M113（晋侯夫人墓）没有处在南、北两排墓葬之间的西边，而是构建于两排之间的东端。关于晋侯墓地诸墓组的时代先后及各自墓主归属，考古发掘者认为从早至晚应作如是排列：M114（晋侯燮父）、M113（晋侯夫人）→ M9（武侯宁族）、M13（武侯夫人）→ M6（成侯服人）、M7（成侯夫人）→ M33（厉侯福）、M32（厉侯夫人）→ M91（靖侯宜臼）、M92（靖侯夫人）→ M1（釐侯司徒）、M2（釐侯夫人）→ M8（献侯籍）、M31（献侯夫人）→ M64（穆侯费王）、M62（穆侯正夫人）、M63（穆侯次夫人）→ M93（文侯仇）、M102（文侯夫人）。[1] 或以为 M63 墓主可能是 M93 墓主文侯仇的夫人，他们为一对分开埋葬的夫妻；M102 规模小、规格低，

---

[1] 孙庆伟：《周代用玉制度研究》，上海：上海古籍出版社，2008 年 8 月第 1 版第 1 次印刷，第 12~14 页。

应该为妾属之墓。[1] 有些学者以为，晋侯墓地诸晋侯
与夫人墓组不是如发掘者所言先于北排由东向西一线
排列，然后又于南排自东向西一线排列，而是始祖墓
（M114、M113）居中，子孙墓葬分别于南北以昭穆交
替布局。[2] 发掘者以出土物和第一手资料为据，对晋
侯墓地诸墓组时代早晚的判断，应该比较准确，值得
肯定。交替排列墓穴与直线顺排的做法并不矛盾冲突，
二者可以并存。陕西周原周公庙遗址周公家族陵坡西
周高级贵族墓地的三座四墓道大墓可能是自早至晚、
自北往南直线顺排（LM1 → LM10 → LM12），大墓东
西两侧祔葬有无墓道和带一至三条墓道的等级较低的
墓穴。[3] 湖北随州叶家山西周早期曾国墓地可能是自

[1] 徐天进等:《天马——曲村遗址北赵晋侯墓地第五次发掘》,《文物》
1995 年第 7 期，第 4~39 页。

[2] a. 张长寿:《关于晋侯墓地的几个问题》,《文物》1998 年第 1 期，
第 41~44 页；b. 彭林:《北赵晋侯墓群与昭穆墓位》,载陕西历史博
物馆馆刊编辑部编:《陕西历史博物馆馆刊》第六辑，西安:陕西人
民教育出版社，1999 年 6 月第 1 版 12 月第 1 次印刷，第 38~42 页。

[3] 种建荣:《周公庙遗址陵坡墓地及相关问题》,《中国国家博物馆馆刊》
2018 年第 7 期，第 30~41 页。

早至晚、自南往北直线排布（M111 → M28 → M65）。[1]
另有学者认为叶家山墓地是自早至晚、自北往南直线
顺排。[2] 平顶山西周应国墓地也大致是自早至晚、自
南往北直线顺排。[3] 东周楚芈姓公族以头东为主墓向，
其贵族墓地多盛行从早至晚、自南往北直线顺排穴位，
等级高者略偏东（主流头向所指），等级低者略偏西。
除去个别墓葬与居中乙组内的祔葬小墓不论，淅川下
寺春秋楚国贵族墓地甲、乙、丙三组及各组内的主墓
墓位均依照从早至晚、自南往北的原则直线顺排。[4]
也有学者考虑到昭穆制度，认为下寺楚墓墓地应该是

[1] 张天恩：《试论随州叶家山墓地曾侯墓的年代和序列》，《文物》
    2016 年第 10 期，第 44~54 页。

[2] a. 湖北省博物馆、湖北省文物考古研究所、随州市博物馆编：《随
    州叶家山：西周早期曾国墓地》，北京：文物出版社，2013 年 12 月
    第 1 版第 1 次印刷；b. 陈丽新：《也谈叶家山曾侯墓葬的排序问题》，
    《故宫博物院院刊》2020 年第 2 期，第 42~50 页。

[3] 河南省文物考古研究所、平顶山市文物管理局编：《平顶山应国墓
    地 I》（上），郑州：大象出版社，2012 年 7 月第 1 版第 1 次印刷，
    第 15~16 页图三。

[4] 河南省文物研究所等编著：《淅川下寺春秋楚墓》，北京：文物出版
    社，1991 年 10 月第 1 版第 1 次印刷，第 319 页。

等级最高的 M2 组居中,其余墓组南北交替排列。[1] 学者的这种考虑可能没有必要,也不接近事实。包山墓地一、二、四、五号四座楚墓,亦作自南往北、从早至晚一线顺排。[2] 天星观六座大型楚墓则大致为自东北向西南一字排开,其排布方式与上述流行的楚国高级贵族墓地墓穴自南向北的排列方式有很大不同。从已经发掘的最东北端天星观 M1 与 M2 两墓[3]情况来看,可能是由于天星观楚墓南向的缘故。而从最东端的天星观 M2 早于其西侧紧邻的天星观 M1 的情况看,天星观六墓可能是自早至晚、自东向西排列。北京昌平明十三陵的长陵、献陵与景陵前三陵,以明成祖长陵为"太祖"墓,仁宗献陵与宣宗景陵分别以昭穆祔葬于长陵东西两侧。但后来的裕、茂、泰、康四陵却从

[1] 李先登:《淅川下寺楚墓年代与布局之研讨》,载楚文化研究会编:《楚文化研究论集》(第四集),郑州:河南人民出版社,1994 年 6 月第 1 版第 1 次印刷,第 115~120 页。

[2] 湖北省荆沙铁路考古队编:《包山楚墓》(上册),北京:文物出版社,1991 年 10 月第 1 版第 1 次印刷,第 338 页。

[3] a. 湖北省荆州地区博物馆:《江陵天星观 1 号楚墓》,《考古学报》1982 年第 1 期,第 71~116 页图版拾壹 ~ 贰肆;b. 湖北省荆州博物馆编著:《荆州天星观二号楚墓》,北京:文物出版社,2003 年 9 月第 1 版第 1 次印刷,第 3 页图二、第 210~211 页。

早至晚、自东向西一字排开，属于"穆→昭→穆→昭"
直线顺排式昭穆布列。四陵墓主有昭有穆，但英宗裕
陵显然为它们这个单元的主陵。以主陵计，这个陵组
应该为穆位陵组，它们都处在成祖长陵之西，符合坐
北面南计的西穆位所在。世宗永陵以后似乎才又回到
以长陵为核心左右交替的昭穆排列上来。[1]

　　山西天马曲村北赵晋侯墓地诸墓组的布列有类于
前述殷墟王陵西区与徐州西汉楚王墓群。实际上可以
将北赵晋侯墓地九组十九座晋侯及其夫人墓与一座太
子墓（M112）划归为北、中、南三排。北排自东往西
为 M9 与 M13 墓组→ M6 与 M7 墓组→ M33 与 M32 墓
组，中排自东往西为 M114 与 M113 墓组→ M112 太子
墓→ M91 与 M92 墓组，南排自东往西为 M1 与 M2 墓
组→ M8 与 M31 墓组→ M64 与 M62、M63 墓组。

　　北赵晋侯墓地墓穴布局形式与西汉晚期长安城

---

[1]　a. 中国社会科学院考古研究所等编：《定陵》（上），北京：文物出版
社，1990 年 5 月第 1 版第 1 次印刷，第 2~3 页；b. 刘毅：《明代帝
王陵墓制度研究》，北京：人民出版社，2006 年 6 月第 1 版第 1 次
印刷，第 80~99 页。

南郊"王莽九庙"[1]方形建筑基址的排列有些近似,均为南、中、北三排东西布列,尤其是北赵晋侯墓地中排有三个墓组(M114、M113晋侯燮父及其夫人墓组,M112太子墓,M91、M92晋靖侯宜臼及其夫人墓组),而"王莽九庙"中排也是三座方形建筑基址,它们或为相似的规则所支配。"王莽九庙"南、北两排各有四座方形建筑基址,其南排基址数多于北赵晋侯墓地南排的墓组数,可能是由于"王莽九庙"所含祖先世代多于北赵晋侯墓地所葬祖先世代之故。北赵晋侯墓地北排实际所葬也是四组晋侯及其夫人,其最西的M93、M102晋殇叔及其夫人墓组属于"加塞儿"的非正常埋葬,情形需另当别论,详见下文。

北赵晋侯墓地M112在M114、M113组之西、M91、M92组之东,东面附属埋有四车八马的车马坑一座,占据一组晋侯及其夫人墓应有的位置[2],但其墓室规模过小且不设墓道,随葬青铜礼器偏少,墓主又

---

[1] 中国社会科学院考古研究所编著:《西汉礼制建筑遗址》,北京:文物出版社,2003年12月第1版第1次印刷,第8页图二。

[2] 李伯谦:《晋侯墓地的新发现》,载国家文物局主编:《中国重要考古发现(2001)》,北京:文物出版社,2002年9月第1版第1次印刷,第43~50页。

不应是某代晋侯，故有些学者推测其可能是一位未及即位就已薨亡的太子的墓葬[1]，可从。

北赵晋侯墓地 M91、M92 被推测为靖侯宜臼及其夫人的墓列[2]，该墓列有三个特点：第一，墓主人头皆向南；第二，随葬车马器少且无祔葬车马坑；第三，除前述太子墓 M112 及时代最早的 M114、M113 墓组外，无其他墓组与之同排。墓主头向与墓地内大多数墓主相反的现象，在原始文化中被有些学者称为非正常埋葬，具有此类特点的墓葬被称为逆向墓。[3] 这种逆向

[1] 刘绪、徐天进：《关于天马——曲村遗址晋国墓葬的几个问题》，载上海博物馆编：《晋侯墓地出土青铜器国际学术研讨会论文集》，上海：上海书画出版社，2002 年 7 月第 1 版第 1 次印刷，第 41~52 页。

[2] a. 孙庆伟等：《天马——曲村遗址北赵晋侯墓地第六次发掘》，《文物》2001 年第 8 期，第 4~21、55 页；b. 李伯谦：《晋侯墓地墓主之再研究》，载北京大学中国传统文化研究中心编：《文化的馈赠——汉学研究国际会议论文集》（考古学卷），北京：北京大学出版社，2000 年 8 月第 1 版第 1 次印刷，第 74~80 页；c. 李伯谦：《晋侯墓地的新发现》，载国家文物局主编：《中国重要考古发现（2001）》，北京：文物出版社，2002 年 9 月第 1 版第 1 次印刷，第 43~50 页；d. 李伯谦：《晋侯墓地墓主推定之再思》，载张政烺先生九十华诞纪念文集编委会编：《揖芬集——张政烺先生九十华诞纪念文集》，北京：社会科学文献出版社，2002 年 5 月第 1 版第 1 次印刷，第 97~102 页。

[3] 王仁湘：《中国史前考古论集》，北京：科学出版社，2003 年 3 月第 1 版第 1 次印刷，第 259~271 页。

墓往往处在墓区的边缘部位，但也有少数情况下是在墓区中心。它们一般没有随葬品或随葬品很少，葬式也比较特殊。北赵晋侯墓地 M91、M92 墓组比较符合这种情形。《史记·晋世家》云："靖侯十七年，周厉王迷惑暴虐，国人作乱，厉王出奔彘……十八年靖侯卒。"而《周本纪·集解》引韦昭云："彘，晋地，汉为县，属河东，今曰永安。"则厉王所奔正为晋地。考虑到当时国人暴动，威逼甚紧之形势，晋靖侯极有可能"罹国人之乱"。故为凶死。[1] 因而以特葬之礼埋葬于墓地中心西部。未及即位而死亡的太子也属于比较特殊的死亡者，故其墓 M112 建置于 M91、M92 墓列东边，并与之同排。[2] 以墓主人本身头北足南仰身直肢葬式计，北赵晋侯墓地 M114、M113 与 M9、M13 这两组最早的墓列，夫妻间墓位的安排是夫右（西）妻左（东）；M6、M7 墓组及其以后墓组，除 M91、M92 墓列外，夫妻间墓位的排列则是夫左（东）妻右（西）。

[1] 胡进驻、肖小勇：《浅谈中国先秦葬俗中的几个问题》，《华夏考古》2006 年第 1 期，第 30~40 页。

[2] 刘绪、徐天进：《关于天马——曲村遗址晋国墓葬的几个问题》，载上海博物馆编：《晋侯墓地出土青铜器国际学术研讨会论文集》，上海：上海书画出版社，2002 年 7 月第 1 版第 1 次印刷，第 41~52 页。

M91、M92 墓主夫妇皆为头南足北仰身直肢葬，虽然也是夫墓（M91）在东、妻墓（M92）在西，但其实其相对墓位排列规则却是夫右妻左，与最早的 M114、M113 与 M9、M13 两组一致，而与后期诸墓组相反。葬早逝的太子于位处北赵晋侯墓地中心的 M112，则可能是为了体现对他的特别关心，可视作新石器时代某些墓地葬早夭者于墓地中心葬俗的孑遗。

《史记·晋世家》云："二十七年穆侯卒，弟殇叔自立，太子仇出奔。殇叔三年，周宣王崩。四年，穆侯太子仇率其徒袭殇叔而立，是为文侯。"[1] 由于出土有"晋叔家父"方壶两件，李学勤先生以为北赵晋侯墓地 M93 应为在位仅四年且被袭杀的晋殇叔的墓穴。[2] 有学者从之。[3] 黄锡全与冯时二位先生也同意北赵晋侯墓地铜器铭文中"晋叔家父"为文献记载中的晋"殇

[1] 〔汉〕司马迁:《史记·晋世家》，北京：中华书局，1959 年 9 月第 1 版第 1 次印刷，第 1637~1638 页。

[2] a. 李学勤:《〈史记晋世家〉与新出金文》，载王元化主编:《学术集林》卷四，上海：上海远东出版社，1995 年 9 月第 1 版第 1 次印刷，第 160~170 页；b. 李学勤等:《晋侯苏钟笔谈》，《文物》1997 年第 3 期，第 54~66 页。

[3] 张长寿:《关于晋侯墓地的几个问题》，《文物》1998 年第 1 期，第 41~44 页。

将"太祖"墓置于墓区中部西端，与《公羊传》何休注所言宗庙合祭时诸神主的排列如出一辙。但北赵晋侯墓地却将"太祖"墓 M114、M113 墓组建置于墓区中部东端，后又将可能凶死的晋靖侯夫妇葬于中部西端，其中似有深意。《周礼·春官·冢人》云："凡有功者居前。"郑玄注："居土墓之前，处昭穆之中央。"贾公彦疏："云居前，则不问为诸侯与卿大夫、士，但是有功则皆得居王墓之前，以表显之也。……兼余功，若《司勋》王功、事功、国功之等皆是也。言处昭穆之中央者，上云诸侯居左右以前，即是昭居左、穆居右。今云昭穆之中央，谓正当冢前，由其有功，故特居中显异之也。"孙诒让《周礼正义》复举《左传·庄公十九年》楚有谏王之功的鬻拳特葬冢前近门阙处补正此说。[1]《礼记·祭法》云："夫圣王之制祭祀也，法施于民则祀之，以死勤事则祀之，以劳定国则祀之，能御大灾则祀之，能捍大患则祀之。"[2] 果如上论，晋靖侯可能罹

[1] 孙诒让：《周礼正义》卷四十一·，北京：中华书局，1987 年 12 月第 1 版第 1 次印刷，第 1697 页。

[2] 〔清〕孙希旦撰：《礼记集解》，北京：中华书局，1989 年 2 月第 1 版第 1 次印刷，第 1204 页。

叔"的论点。[1] 这个意见值得重视。从目前羊舌晋侯
地的发现与研究 [2] 来看，M93 殇叔墓说似乎更合理些
相反，如果认为 M93 墓主为晋文侯，则与 M93 墓
未发现任何可与晋文侯相联系的文字材料的现实不
符。而北赵晋侯墓地其他晋侯墓中皆出土有带有本
名谥的墓主自做青铜礼器。实际上，M93 西旁夫人
M102 没有墓道、丧葬规格较低，以及 M93、M102
组在北赵晋侯墓地最晚下葬却"加塞儿"排在较
调的北排最西端（或已在晋侯燮父最初规划兆域
之外）等情况，已经能反映出 M93、M102 是一组
墓列。而根据文献记载，晋文侯是"寿终正寝"
正常死亡，所以不应该被非正常埋葬。北赵晋侯
南面的羊舌墓地应为晋文侯所开启，晋文侯也
作为"太祖"埋葬在羊舌墓地的尊位上。

前揭殷墟西北冈王陵西区与徐州西汉楚王

[1] a. 黄锡全:《关于晋侯墓地几位晋侯顺序的排列问题》,
主编:《跋涉集——北京大学历史系考古专业七五届毕
集》,北京:北京图书馆出版社,1998 年 4 月第 1 版第
第 147~152 页；b. 冯时:《略论晋侯邦父及其名、字问题
1998 年第 5 期,第 31~34 页。

[2] 山西省考古研究所、曲沃县文物局:《山西曲沃羊舌晋
简报》,《文物》2009 年第 1 期,第 4~14、26 页。

于国人之难而死，则他就是晋国乃至整个西周王朝的烈士。虽然因为毕竟是凶死而有所降礼以葬，但将其夫妇之墓穴置于墓区中部西端的位置却未尝不是一种显著的旌表。此与前已论及的同样是凶死的篡位被杀的殇叔夫妇（M93、M102墓主）的丧葬待遇差异巨大。如此，则晋侯燮父在最初规划北赵晋侯墓地时，之所以将自己作为"太祖"地位的墓穴设计在墓区中部的东端，而不是西端，可能就是为了"虚位以待"后世有可能出现的"以死勤事"者。明朝宗庙制度中也有类似现象，清初万斯同《庙制图考》云："（嘉靖）十四年春诏建九庙如周制，明年冬工成，太祖庙居中，太宗居东第一庙，世世不祧，虚其西第一庙，俟他日奉有功德者。"[1]清任启运《宫室考》卷上亦云："（周天子）始即建七庙，而虚功德二庙以待其人而入，故曰七世之庙可以观德也。"[2]

晋侯墓地M64、M62、M63墓组，穆侯主墓M64

---

[1]　方祖猷主编：《万斯同全集》第一册，宁波：宁波出版社，2013年12月第1版第1次印刷，第250页。

[2]　〔清〕任启运：《景印文渊阁四库全书·经部一〇三·礼类·宫室考》（卷上）（清乾隆四十六年版），第一〇九册，台北：台湾商务印书馆，2008年12月第1版第1次印刷，第809页。

居最尊位（东），正夫人墓 M62 居次尊位，次夫人墓 M63 居正夫人墓之次，其排列情形颇类清室太庙前殿内清世祖与其两位祔庙皇后神主宝座的排列。《钦定大清会典则例》卷七十九云："太庙前殿设孝惠章皇后宝座于世祖章皇帝宝座之次，孝康章皇后宝座设于孝惠章皇后宝座之次；至中殿安奉，世祖章皇帝神位居中，孝惠章皇后神位居左，孝康章皇后神位居右，均南向。"[1]

　　孙庆伟先生与李建生先生均认为晋侯墓地 M62 墓主为寅盨铭文所言晋穆侯邦父继位为侯之前即已迎娶的叔妇，但此人非 M63 所出杨姞壶铭之杨姞，而 M63 墓主为晋文侯之母齐姜。[2] 孙华先生则认为 M62 墓主就是 M63 杨姞壶铭之杨姞，亦即寅盨铭文所言晋穆侯继位为侯之前迎娶的叔妇，M63 墓主为晋文侯之母

[1] 〔清〕纪昀等纂：《景印文渊阁四库全书·史部三八〇·政书类·钦定大清会典则例》（卷七十九）（清乾隆四十六年版），第六二二册，台北：台湾商务印书馆，2008 年 12 月第 1 版第 1 次印刷，第 503 页。

[2] a. 孙庆伟：《晋侯墓地 M63 墓主再探》，《中原文物》2006 年第 3 期，第 60~67 页；b. 李建生：《"梁姬"、"杨姞"及其相关问题》，《中国历史文物》2009 年第 5 期，第 44~51 页；c. 李建生、王金平：《周伐猃狁与"长父侯于杨"相关问题》，《中原文物》2012 年第 1 期，第 26~32、44 页。

齐姜，且齐姜为正夫人，叔姞（杨姞）为次夫人。[1]
M62 东边紧邻主墓 M64，坑穴位置尊于离主墓较远的
M63；在最能反映周代贵族墓主身份礼仪地位的青铜
鼎簋方面，M62 出土有三鼎四簋，多于 M63 的三鼎二
簋。故 M62 为晋穆侯正夫人墓问题不大，其墓主应该
就是晋穆侯继位为侯之前迎娶的叔姞，至于她是否就
是 M63 所出杨姞壶铭的杨姞则另当别论。认为 M63
墓主为晋穆侯继位为侯后迎娶的晋文侯生母齐姜的
观点，可从。关于 M64、M62、M63 墓组为何采纳唯
一一见的一夫二妇墓列形式，以及 M63 坑穴虽处于远
离夫墓的卑位，但却享有高于夫墓与正夫人墓的两条
墓道葬制，而且随葬玉器等也显示其丧葬规格较高的
问题，可能是由于 M63 墓主齐姜虽然只是晋穆侯费干
后娶的次夫人，但她同时是后继的晋文侯的生母，而
且可能恰去世于晋文侯在位时，自然会得到较高的丧
葬礼仪。孙庆伟先生则进一步认为晋侯墓地 M63 墓
主齐姜亦即著名传世青铜器晋姜鼎铭中的晋姜，而此

[1] 孙华:《晋侯邦父组墓的初步分析》，载北京大学考古文博学院、北
京大学中国考古学研究中心编:《考古学研究》(八)，北京: 科学出
版社，2011 年 6 月第 1 版第 1 次印刷，第 249~266 页。

晋姜薨于晋文侯子昭侯在位之时，享年可能在 80 岁左右 [1]，孙辈厚葬德高望重的高龄祖母是很自然的一件事。

芮国墓地 M27、M26、M19 墓组的情况 [2]，与北赵晋侯墓地 M64、M62、M63 墓组有些近似。较大的区别是：晋侯墓地 M62 墓主叔姞比晋穆侯先行薨亡，而芮国墓地 M26 墓主仲姜比芮桓公后薨亡。但晋侯墓地 M63 墓主、芮国墓地 M19 墓主不仅都是次夫人，而且都是最后薨亡这两点，两个墓组的情况又如出一辙。晋侯墓地 M63 墓主齐姜由于是大名鼎鼎的晋文侯的生母，而且应该恰薨于其子晋文侯或其孙晋昭侯在位之时，因此虽然未葬于正夫人之位且在最为核心的身

[1] 孙庆伟：《晋侯墓地 M63 墓主再探》，《中原文物》2006 年第 3 期，第 60~67 页。

[2] a.陕西省考古研究院等：《陕西韩城梁带村遗址 M19 发掘简报》，《考古与文物》2007 年第 2 期，第 3~14 页；b.陕西省考古研究院等：《陕西韩城梁带村遗址 M27 发掘简报》，《考古与文物》2007 年第 6 期，第 3~22 页；c.陕西省考古研究院等：《陕西韩城梁带村遗址 M26 发掘简报》，《文物》2008 年第 1 期，第 4~21 页；d.陕西省考古研究院等：《梁带村芮国墓地——二○○七年度发掘报告》，北京：文物出版社，2010 年 6 月第 1 版第 1 次印刷，第 6 页图四、第 216~217 页；e.陈燮君、王炜林主编：《梁带村里的墓葬——一份公共考古学报告》，北京：北京大学出版社，2012 年 5 月第 1 版第 1 次印刷。

份等级地位标识物——青铜鼎簋的数量方面也不如正
夫人（M62 墓主），但她不仅入葬墓组之内，享有双墓
道，而且在随葬玉礼器等方面甚至超过她丈夫晋穆侯
的待遇。芮国墓地 M19 墓主各方面的礼遇都不如正夫
人，但能够入葬墓组，可能因其为 M27 墓主诞下过像
样的子嗣，虽然其子嗣不曾成为芮国国君继承人，但
可能也很重要，或即 M28 墓主。至于 M26 墓主，可
能不仅被册封为正夫人，而且也诞下桓公的侯位继承
人，因此在礼仪待遇各方面，其正统地位都不可动摇。
芮国墓地的这种情况，其实和徐州东洞山西汉楚王墓
组较为近似。徐州东洞山楚王墓区 M1 为楚王墓；M2
为王后之墓，且居于正后之墓位；M3 为副后之墓，不
仅规模各方面逊于正后之墓 M2，而且也确居于副后
之墓位。可能徐州东洞山 M2 墓主不仅被册封为王后，
而且诞下王位继承人，所以虽然先行薨亡，但各方面
礼仪地位都无可动摇。徐州东洞山 M1 墓主可能在位
时间较长（有学者推测是西汉所有楚王里在位时间最
长的刘延寿），而正后薨亡得相对较早，所以他不得
不在在位的晚期又册封 M3 墓主为后。在这种情况下，
M3 墓主各方面的礼遇都不可能超越 M2 墓主，但毕竟

曾被册封为后，而且可能也诞下过较为像样的子嗣，故得以以副后的名位下葬。

综合上述，似可以得出一个较为初步的结论：两周时期礼仪制度较为严格，先立的正后如果诞下王侯位继承人，自然没有任何问题；即令未为丈夫诞下过像样的子嗣，其基本的礼仪地位也不能被动摇。但如果是后来者诞下王侯位继承人，则她可在一些非核心礼仪方面得到很高的待遇，如晋侯墓地 M63 墓主齐姜。至西汉时期，情形有较大变化，先立的正后如果未诞下像样的子嗣（尤其是未诞下王侯位继承人），而后立者如果诞下王侯位继承人，则后立者可在包括葬位在内的各方面都享受超越先立之后的待遇，如西汉梁孝王刘武之李太后。当然，先立之后如果诞下王侯位继承人，即令去世时间较早，其礼仪各方面也不能被超越，如徐州东洞山 M2 墓主。总之，"一王二后"的葬位布局是中国古代几千年文明史中高等级贵族墓地内较为罕见的现象，因为一般情况下，王侯之后都比王侯长寿，所以王侯们第二次立后的机会不多，而且先立之后一般都能诞下王侯位继承人，而侧室或次夫人借由诞下像样子嗣或其他途径入葬丈夫穴位近旁的机会很少。

李伯谦先生云："我们虽然不同意晋侯墓地是按昭穆制度安排墓位，但也必须说明，原来认为晋侯墓地可分北、南两排，每排按早晚顺序由东往西排列，北排早丁南排，也是不正确的。现在晋侯墓地各组主墓已被彻底揭露出来，如果按九组主墓的先后顺序连接起来，倒很像英文字母中横置的'S'，这种安排，是无意还是有意，反映了什么规律，确实是需要认真研究的。"[1] 笔者前面有关晋侯墓地布局成因的解释，就是在李先生的启发下所作的一种尝试。

正常葬满一个规划好的陵区后要重新规划另一个陵区，如北赵晋侯墓地葬满后，另在其南的羊舌规划新的晋侯墓地。当然也有在同一片陵区内，用一种新布局方法显示新系列存在的墓例。如前述徐州西汉楚王墓群在刘交一系基本由东至西布局完毕后，又在大致同一片墓区内重新自东向西排列晚期刘器一支，但仍以楚元王刘交墓为始祖穴位布置诸墓。明十三陵亦有类似情况。可见在同一陵区，用新方法布局新系列

[1] 李伯谦：《晋侯墓地发掘与研究》，载《文明探源与三代考古论集》，北京：文物出版社，2011年7月第1版第1次印刷，第276~286页。

时不改变始祖墓穴。但如果另辟新墓地，则"太祖"墓自然必得改变。往往在新墓地最早下葬的最高级贵族即为该墓区之"太祖"，所以仅就此点，晋文侯也不会让篡位的晋殇叔葬在新墓地，况且晋殇叔还是被袭杀的凶死者。所以晋殇叔只能被降礼特葬在北赵晋侯墓地的边缘部位，前已论及之。

七、中国古代墓制与庙制数额的讨论

　　北赵晋侯墓地内 M112 是早逝的太子的墓葬，M91 与 M92 墓列可能属罹于国人之难的晋靖侯夫妇，M93 与 M102 可能属于被袭杀的晋殇叔及其夫人，所以墓地内属于正常埋葬的应是 M114 与 M113、M9 与 M13、M6 与 M7、M33 与 M32、M1 与 M2、M8 与 M31、M64 与 M62 及 M63 等七代墓葬。罹难而薨的晋靖侯不计入正常埋葬之数，早逝太子也不另占代数，晋殇叔凶死且与晋穆侯同辈，他们均不影响晋侯墓地只正常埋葬七代人的礼制。

　　墓地内正常安排七代墓位的情况，其实在凌家滩祭坛墓地已初露端倪。只是由于凌家滩墓地时代久远，且近现代以来遭受严重破坏，所以现存墓穴数量是否为原来所实际下葬目前尚不明确。我们尝试作如下分析。凌家滩墓地南起第一排有 98M29、87M2、87M3、87M4、87M1、98M16、98M7、98M32 和一座被现代坟彻底破坏的墓等九座墓葬。但 98M32 属于东西向逆向墓，只随葬陶器，等级很低，显然不是南起第一排原本正常安排的墓葬。叠压南起第一排中心大墓 87M4 的 87M1 在最初田野考古清理时一直找不到墓边，一度推测是祭祀坑而非墓葬，最后认定是一个椭圆形的墓口，换言之，即令 87M1 是一座葬人的墓葬，它也不是当初正常安排的穴位。如此算来，凌家滩墓地南起第一排正常安排的穴位只有七个。再看南起第二排，目前有 98M31、87M6、87M14、87M15、87M8、87M7、07M23 等七墓。不过，和南起第一排叠压 87M4 的 87M1 一样，第二排的 87M8 有意叠压 87M15 "太祖"墓，后又被 87M7 打破。87M8 应该不是当初正常安排的穴位。打破 87M8 的 87M7 是一座等级较低的东西向逆向墓，因此也属非正常埋葬。如此算来，南起第二排只有五座正常安排的墓葬。但第二排 07M23 以东还有大片空地，考虑到南起第一、二两排密切相关，而第一排相对于第二排 07M23 以东的位置还有较远的距离，所以不排除第二排 07M23 以

东还有两个墓坑的可能。果真如此，则第二排正常安
排的穴位原本也应有七个。南起第三排现有87M10、
87M17、87M12、87M11、98M25、98M26、98M27、
98M30、98M14等九座墓，但98M27是一座规模很小
的儿童墓，98M26为一座等级很低的东西向逆向墓。
显然，南起第三排原本正常安排的穴位也只有七个。
南起第四排正好有98M28、98M19、98M23、98M20、
98M21、87M9、87M13等七座墓，其中没有特殊情况。

　　良渚文化反山墓地有五座男性贵族墓的等级非常
高，一般认为它们的墓主应该是良渚古国的国王，而
整个反山墓地是古国的王陵所在。墓地西面M15与
M18出土的玉礼器等级略低。现在学术界有两种意见：
一种认为二墓可能有陪葬的性质，它们的墓主不是良
渚古国国王，而是朝臣、高级巫觋或某些高级王室成
员；一种认为二墓可能也是王墓，只是由于古国衰落，
丧葬规格无法延续而有所降低。如果是第一种，则良
渚古国王室采纳五墓制；若是后一种，则古国实行七
墓制。瑶山墓地南排正好只有七座墓葬，而且较为居
中的M12的丧葬等级最高。殷墟西北冈王陵西区有
1001、1550、1004、1002、1500、1217、1003七座四

墓道大墓，一座未来得及挖掘墓道的大方坑墓（1567）
与可能为"太祖"墓的 78 侯家庄北地一号墓，共九座
大墓，数量超出七这一常数。个中原因推测可能是这
个常数七主要是指要埋葬正常崩亡的七代人，而不是
只安排七个墓穴，所以非正常去世者不算在常数七之
内。西北冈王陵西区尽管有九座主墓，但因为其中的
1003 号大墓与 1567 号无墓道大方坑墓属于非正常埋
葬，所以正常崩亡的死者仍然只有七代。西北冈王陵
西区下葬时间最晚、可能为帝辛墓穴的 1003 号大墓
"加塞儿"于 1004 号与 1500 号大墓之间，是因为帝辛
为非正常崩逝。作为商代末王，他先是自焚而死，然
后头颅被周武王用大黄钺斩下，最后可能还被带回周
都宗庙举行了献俘礼。但由于周武王当时又封帝辛子
武庚续殷祀，为安抚人心，他应该会让武庚埋葬帝辛
的无头躯干。不过，这个凶死的"大恶煞"肯定不可
能得到正常的埋葬，所以杨锡璋先生推测 1003 号大
墓南边没有墓道的 1567 号方坑或许就是帝辛的葬所 [1]
（我们推测 1567 号无墓道大方坑乃奔逃的武庚的寿

---

[1] 杨锡璋：《安阳殷墟西北冈大墓的分期及有关问题》，《中原文物》
1981 年第 3 期，第 47~52 页。

坑）。但如晋侯墓地一样，凶死者降礼特葬不计入正常埋葬辈数。武庚奔逃，1567号大方坑根本就没有被真正使用。故凶死的帝辛的入葬与武庚的寿坑，均不影响西北冈王陵西区只葬七代正常死亡墓主的结论。

前引西汉徐州楚王墓群所属的刘邦弟楚元王刘交一系，在国除之前有八个楚王，但其中刘礼与刘郢客、刘道与刘戊分别是同代的，所以实际上只有六代人。从整个墓区布局情况看，原本预留有比较充分的空间，但由于有两次同辈楚王出现，所以在第六位同时也是第四代楚王刘注下葬于龟山之后，若继续按昭穆再于葬在楚王山的楚元王刘交夫妇的墓穴前（东）布列三代楚王，空间就将十分促狭。只是到了第八位同时也是第六代楚王刘延寿时，这一系楚王国除，有可能刘延寿都没有下葬于墓区，所以这一难题才最终没有出现。现在考古上落到实处的，只有四代五王葬所。第三代同时也是第五位楚王的刘道，其葬处没有落实，推测应该存在。或以为西卧牛山汉墓为刘道葬处，而东洞山汉墓可能为刘延寿葬处。[1] 如此，则由于龟山

---

[1] 耿建军:《徐州西汉楚王墓塞石的开凿与封填》,《考古》2013年第3期，第75~85页。

和西卧牛山与楚王山之间已没有足够的空间，所以第七位、第五代节王刘纯与第八位、第六代刘延寿二位楚王及各自王后的葬所可能不得已而另从东面重新再排。

北宋皇室以"五音姓利"之说，并按照官定《地理新书》斜行贯鱼昭穆葬法（先自东南向西北，再自西南向东北，宿白先生引唐宋文献称这种墓穴排列方式为昭穆"贯鱼葬"）[1]，排列巩县北宋皇陵的七帝八陵[2]。如果考虑赵匡胤、赵匡义兄弟是同一辈，实际埋葬的正好为七代人。此外，巩县宋陵在陵区东部自南向北、自早至晚顺序排列宣祖永安陵、太祖永昌陵、太宗永熙陵、真宗永定陵、仁宗永昭陵、英宗永厚陵等五世（太祖、太宗同辈）六陵以后，陵区布局有重大变动，第六代神宗永裕陵、第七代哲宗永泰陵被安排在西部南端，似有满五世需重新布局之义。万斯同《庙制图考》言北宋太祖先建高、曾、祖、考四亲庙，后"先是太

---

[1] 宿白：《白沙宋墓》，北京：文物出版社，2002年4月第2版第1次印刷，第102~103、107~108页。

[2] 河南省文物考古研究所编：《北宋皇陵》，郑州：中州古籍出版社，1997年8月第1版第1次印刷，第5~6页。

祖崩增庙为五室，太宗崩，增为六室，真宗崩，增为七室。及仁宗崩，将祔庙，孙抃等请增为八室，备天子事七世之礼。司马光、卢士宗请祧僖祖仍为七世，合古七庙之制。赵抃等则言，僖祖虽非始封之君，要为立庙之祖，今庙数未过七世，不当据迁其主，乃增为八室。（时以太祖、太宗兄弟同昭穆，故止七世）"。可见，北宋皇室当时已认识到太祖、太宗兄弟同辈同昭穆，并从上事七代之制。后"哲宗崩，徽宗以弟继统，诏增庙室为九，不祧宣祖，议者以徽宗与哲宗同昭穆，当上事七世故也"。虽然"至崇宁二年，诏哲宗以子继父当自为一世，乃祧宣祖，迁哲宗于第八室，明年蔡京柄政，用王肃九庙议，复还翼祖、宣祖于庙，增室为十"，但"高宗南渡，建太庙于临安如旧制，徽宗升祔，以与哲宗同昭穆，无所祧，但增室为十一，钦宗升祔，祧翼祖，高宗升祔，以与钦宗同昭穆，亦无所祧，增室为十二，凡九世"。后"孝宗崩，宁宗以嫡孙受禅，宗人赵汝愚为相，以太祖当正东向之位，乃祧僖、宣二祖，与翼、顺二祖别庙奉祀，而孝宗居第十一室"。万斯同以为宋室因祧毁无常，"致艺祖有太祖之名不践太祖之位，何其谬也。汝愚别祀四祖，而正太祖东

向之位，正礼之宜而情之至，与汉之尊高帝、晋之尊
宣皇、元魏之尊道武何以异？何必守安石之说，而力
诋汝愚哉"。[1] 凡此两宋故事皆以尊七世之制为要旨。
与中原北宋王朝约略同时的西夏党项政权，在贺兰山
东麓营建陵墓，据明《嘉靖宁夏新志》记载，"其制度
仿巩县宋陵而作"。考古工作者共调查确定九座西夏
陵墓，与文献记载西夏只有九帝有陵号正相符合。[2]
西夏帝陵有九座，但最南边的1、2号陵是元昊称帝
以后分别为其祖父与父亲追建的，陵台为独见的九级，
不同于其余七陵的七级或五级，比较特殊。[3] 完全意
义上的西夏帝陵从景宗元昊的3号陵开始，至9号陵

---

[1] 〔清〕万斯同：《景印文渊阁四库全书·史部四二〇·政书类·庙制
图考》（清乾隆四十六年版），第六六二册，台北：台湾商务印书馆，
2008年12月第1版第1次印刷，第215~222页。

[2] a. 宁夏回族自治区博物馆：《西夏八号陵发掘简报》，《文物》1978
年第8期，第60~68页；b. 韩兆民、李志清：《宁夏银川西夏陵区调
查简报》，载《考古》编辑部编：《考古学集刊》第五集，北京：中国
社会科学出版社，1987年3月第1版第1次印刷，第277~284页；
c. 韩兆民、李志清：《关于西夏八号陵墓主人问题的商榷》，载《考
古》编辑部编：《考古学集刊》第五集，北京：中国社会科学出版社，
1987年3月第1版第1次印刷，第316~326页。

[3] 阎崇东：《辽夏金元陵》，北京：中国青年出版社，2004年6月第1
版第1次印刷，第193~194页。

时正好葬入七位西夏皇帝。但由于桓宗李纯祐与襄宗李安全为叔伯兄弟关系，二者只占一代，故自3号陵至9号陵共葬入六代西夏皇帝。在西夏亡国前最后十几年在位的神宗李遵顼、献宗李德旺及末帝李睍因受元朝严重逼迫与打击，根本无暇也无力为自己建造陵墓，所以史书中也未见他们的陵号。他们是如何被埋葬的，目前不太清楚。故仅从现存陵墓而言，西夏帝陵区按制还少葬一代皇帝，未满七代。西夏王陵与北宋巩县皇陵均为自南往北、自早至晚排列墓穴。

前引中国古代若干高级贵族墓地，虽然一般保持七代之数，但葬入的墓主有时不止七个。除去非正常崩薨以外，还有同辈兄弟先后即位的缘故。在兄弟二人先后入葬后，他们应该同昭穆，因而只能被计作一代。与此类似的还有宗庙制度，唐杜佑《通典》卷四十七引，西晋"太常贺循立议，以后弟不继兄，故代必限七，主无定数"。唐代皇室曾就兄弟二人先后继位后，是应同昭穆还是异昭穆的问题，进行过长期激烈讨论。李衡眉先生认为，唐代后期宗庙中采取兄弟同昭穆的排列方式才算"得古昭穆之真谛"[1]。验诸考古学材料，此说比较有道理。宗庙建筑群内，超过七代以后，世代最远的那位神主祧入"太祖"（始祖）庙西储，不再享有独立庙室；墓地内，墓主超过七代后，则另起新葬所，即开辟一个新的陵区。

　　至于墓地内为何只埋葬正常死亡的七代人，传世文献没有明确的说解。《礼记·王制》云："天子七庙，三昭三穆，与大祖之庙而七。"郑玄以降，关于"天子七庙"的说解甚多，诸说或接近，或不同，但基本上都认可七这个常数。古代学者多认为周王室以一祖（后稷）二祧（周文王与周武王）三不毁庙加不断变易的四亲庙形成七庙之制。东汉以后实行"七庙共堂"[2]，即所谓"一庙七主"的太庙之制——宗庙里只建一座太庙。虽然有时出于现实政治需要，有虚"太祖"之位（《隋书》卷七《礼仪志二》）的情况[3]，但庙内祭祀的神主还

---

[1] 李衡眉：《昭穆制度研究》，济南：齐鲁书社，1996 年 11 月第 1 版第 1 次印刷，第 235 页。

[2] 姜波：《汉唐都城礼制建筑研究》，北京：文物出版社，2003 年 3 月第 1 版第 1 次印刷，第 91 页。

[3] 梁满仓：《魏晋南北朝五礼制度考论》，北京：社会科学文献出版社，2009 年 5 月第 1 版第 1 次印刷，第 248 页。

是多保持在七这个常数，以为天子之证。清初万斯同
《庙制图考》以为"迄晋之亡，太祖犹虚位，失礼甚矣"，
但他同时又以为"按礼，所谓太祖即始祖也，既尊为
太祖，即当居始祖之位，后世特压于四亲，故皆虚其位，
以有待着世数既遐，祧毁迭及，则迁无功之远祖，而
奉创业之先皇，谁曰不可"。[1] 从后代帝王的礼仪实践
看，"七庙之制对于一个王朝来说太重要了，它是一
个新王朝建立的标志，是一个王朝存在的象征，所以
一个新王朝建立一定要使七庙之数足额，名副其实"[2]。
七庙制在红山女神庙已见端倪，与七墓制密切相关。
诸侯以四亲（父考、祖父、曾祖父及高祖父）加始封
君成五庙制（高祖父之父及其以上则不再被单独供奉
祭拜），天子以四亲加高祖父之父与高祖父之祖，再
加太祖，得七庙制（高祖父之曾祖及其以上不再被单
独供奉祭拜）。由此可见，四亲观念是核心。上古人
以为血缘关系超过四代以后将逐渐变弱，故诸侯墓地

[1] 〔清〕万斯同：《景印文渊阁四库全书·史部四二〇·政书类·庙制图考》（清乾隆四十六年版），第六六二册，台北：台湾商务印书馆，2008年12月第1版第1次印刷，第220页。

[2] 梁满仓：《魏晋南北朝五礼制度考论》，北京：社会科学文献出版社，2009年5月第1版第1次印刷，第247页。

内只埋葬正常薨亡的五代人，天子陵区内只埋葬正常崩亡的七代人，超过五、七之数，则另辟新墓地。

殷墟卜辞中的上甲、报乙、报丙、报丁、示壬、示癸六代先公比较特殊，这六个天干名号完全依着十个天干原本的自然顺序，只是略去第五至第八位的戊、己、庚、辛而已。这种情形用生日、死日、卜选等均无法圆满解释，应是大乙（商汤）成为天子后，特意选取包括其生父与祖父在内的较近六代先公作为重要且经常祭祀对象，并用天干的自然顺序依六代先祖即位先后一次统一追谥的结果。前引《礼记·王制》"天子七庙"条郑玄注云："殷则六庙，契及汤与二昭二穆。"估计这是商汤去世以后的情形。在成汤尚存于世，天下初创礼制时，可能是以始祖契（或契父帝喾）与上述上甲至示癸六位先公为主要祭祀对象。商汤立国时应建立有对祖先的崇拜祭祀制度。[1] 成汤之所以选取六位，而不是其他数目，就是因为六位先公和始祖契（或契父帝喾）恰可成七代之数。传为商初权臣伊尹

---

[1] 常玉芝：《商汤时的祖先崇拜与社神崇拜》，载宋镇豪主编《甲骨文与殷商史（新三辑）》，上海：上海古籍出版社，2013年4月第1版第1次印刷，第82~92页。

所作《尚书·咸有一德》篇云，"七世之庙可以观德"，似可作为商初已有七代之祀的佐证。清初万斯同《庙制图考》云："夫《王制》所谓三昭三穆者，盖因商周先为诸侯，已祀二昭二穆，后为天子增祀三代。"万氏的说法有一定道理。有可能在示壬为方伯时，上甲全报丁四位已和始祖契成诸侯之五祀而被祭祀。上甲至报丁四位先公名谥"紧密捆绑"在一起的情形，也许为他们曾经是诸侯五祀中紧密相继四亲庙主的"印记"。示癸继为方伯时，生父示壬入祀，可能报乙神主退出，仍成诸侯五祀制规（考虑到传世文献与殷墟卜辞中上甲的重要地位，上甲神主可能不被迁升）。参考万斯同《庙制图考》有关殷室宗庙制度的推测，则成汤立国、厘定商室天子宗庙祭祀制度之后，在行天子七主之祀时，可能将始祖夒（契，或以为是契父帝喾）神主独置于西，面东。以下从早至晚（神主主人继位的早晚）、自东往西或自西往东（考虑到殷墟西北冈王陵西区与北赵晋侯墓地的墓穴排列情况，自东往西的可能性要大一些。万斯同《庙制图考》以为"三昭南面三穆北面，以次而东"。若丧礼与宗庙吉礼位向原则正相反，则万氏所言亦有理。《钦定大清会典则例》卷七十八记载，清室雍正元年题准行太庙大祫礼时，前殿宝座之上，正中的肇祖原皇帝神牌居左，而其配原皇后神牌则居右。此与清东陵与西陵内皇帝陵多在皇后陵之西右的情形正相反）依次布列为：上甲神主居北面南，报乙神主居南面北，南北相对成一纵列；报丙神主居北面南，报丁神主居南面北，为一纵列；示壬神主居北面南，示癸神主居南面北，又成一纵列。汤太子大丁未立而卒，没有机会以最高级贵族的身份主持祭典。《史记·殷本纪》等文献以为继大乙为王者是大丁弟外丙，外丙卒，外丙弟中壬立，中壬卒，大丁子大甲始立。但《殷本纪》的这一段记载可能有误（下还将论及之）。大乙卒后，紧接着继任为王者可能是其孙大甲（太子大丁子），大丁弟外丙的为王可能只是大甲在位期间的一段插曲。先是大甲继位，因其不尊汤法，被权臣伊尹放逐至汤冢旁的桐宫思过，这期间另立大丁弟外丙为王，大甲面壁思过改正完毕，复位为王，外丙可能退位。周祭祀谱中大甲受祭的位次排在外丙之前可为此说之佐证。这段史事有学者早年作过梳理[1]，可从。如此，汤孙大甲继位后，商汤本人及其子大丁一起成为祭祀对象。

卜辞中累见"自上甲以至于多毓"的合祭，始祖契（可能是卜辞中的高祖夒，即帝喾）虽然也被祭祀，但礼仪地位显然远逊于上甲。故自太甲开始，殷室很多重要的合祭可能以上甲替代契（夒）作为"太祖"（始祖）。《国语·鲁语》云"上甲微，能帅契者也，殷人报焉"，可能即此事。大甲继位后，举行合祭祀典时，为何放弃祭祀其祖父尚尊从的商人始祖契，具体原因不明。但大甲甫一继位，神主就一下多出其祖父大乙与其生父大丁两位，而要保持七位之数，即令将始祖契神主移走，数目也还富余，还需要继续减掉三报二示中的一位。因此，太甲之世神主数目非正常增加，不易安排，可能是撤掉始祖契神主的原因之一。晚商卜辞中既可见自上甲以降的合祭，又可见自大乙以降的合祭。可见商室合祭时尊从的"始祖"或"太祖"，或曾游移于高祖夒、上甲微与商汤大乙三者之间。高

---

[1] 常玉芝:《太甲、外丙的即位纠纷与商代王位继承制》，载殷墟博物苑、中国殷商文化学会编:《殷墟博物苑苑刊（创刊号）》，北京：中国社会科学出版社，1989 年 8 月第 1 版第 1 次印刷，第 33~39 页。

祖夔是传说中商人的始祖，其重要性自不待言；而上
甲，郭沫若先生认为是商人有史的开始[1]；商汤是建立
商王朝的"受命之君"，自然也受尊崇。三者各有千秋。
太祖位置的游移在后来魏晋南北朝隋唐宋时期也曾出
现过，甚至为使真正的"受命之君"成为"东向"太祖，
不惜长期"虚太祖之位"，经数代递进，待"太祖"之
前的先祖均升祧以后，方定太祖之位（如唐杜佑《通
典》卷五十《禘祫下》所记与所议）。商人或许也经历
过类似的过程。这从卜辞中上甲至报丁的字形中亦可
得到少许佐证。卜辞中此四位先公的名号写作田、匚、
囬、匸。罗振玉《雪堂金石文字跋尾》云："卜辞于十
（甲）外加囗所以示别，与匚、囬、匸之加匚同例。"[2]
杨树达以为田、匚、囬、匸之囗与匚皆为特庙之标符，
之所以有囗与匚之别者，盖殷人祭上甲尤尊，其庙特
隆，报乙、报丙、报丁次之。[3] 王国维云："上甲之甲

[1] 郭沫若:《郭沫若全集·考古编·第二卷·卜辞通纂》，北京：科学
出版社，1983年6月第1版第1次印刷，第362页。

[2] 转引自于省吾主编:《甲骨文字诂林》第四册，北京：中华书局，
1996年5月第1版、1999年12月第2次印刷，第3510页。

[3] 杨树达:《释田匚囬匸》，载《积微居甲文说》，上海：上海古籍出版社，
1986年12月第1版第1次印刷，第42~44页。

字在口中，报乙、报丙、报丁之乙、丙、丁三字在匚或匸中，自是一例，意坛墠或郊宗石室之制，殷人已有行之者与？"[1] 赵诚以为"田似为形声字，其外部从囗，象正面看盛主之器。……匚或匸象侧面看的盛主之器。"[2] 诸家所论中，认为加口与加匚是有区别的，这点很正确，也很重要。赵诚认为囗是正面看盛主之器，匚或匸即为侧视之盛主之器，可从。卜辞中甲、乙、丙、丁外所加的口、匚或匸，其实就是文献中的祏。《左传·哀公十六年》杜注："祏，藏主石函。"《左传·庄公十四年》云："先君桓公命我先人典司宗祏"；注："宗庙中藏主石室"；孔颖达疏："宗祏者，虑有非常火灾，于庙之北壁内为石室，以藏木主。有事则出而祭之，既祭纳于石室。祏字从示，神之也"。《左传·昭公十八年》云："郑灾，使祝史迁主祏于周庙"；注："庙主石函也"。《说文》云："祏，宗庙主也，周礼有郊宗石室。"以上古代学者关于"祏"字的考证中，或认为

[1] 王国维：《殷卜辞中所见先公先王考》，载《观堂集林（外二种）》，石家庄：河北教育出版社，2003年11月第2版第1次印刷，第218页。

[2] 赵诚：《甲骨文简明词典——卜辞分类读本》，北京：中华书局，2009年5月第2版第5次印刷，第20页。

是可以移动的藏主石函，或认为是不可移动的藏主石室，均可从。但殷人四先公名号外所加的口、匚或冂则只能是可以移动的石函。复按前引《左传·文公二年》何休注所言合祭时诸庙主的排列方式，则太甲继位初期，合祭先公先王时，可将上甲之神主独置于西，面东。然后自东往西，依次是：报丙神主在北，南向；报丁神主在南，北向；示壬神主复居北，亦南向；示癸庙主置南，北向；大乙神主列于北，南向；大丁神主布于南，北向。在位西的上甲神主前（东侧）南置三、北置三，两排对称，安排六位庙主，是可以大致推测的情形。至于每位神主的具体位置是否果如上述，当然还可进一步讨论。上述排列，未计报乙神主，因为如前所述，太甲继位之时比大乙之时多出大乙与大丁两个神主，即令移出始祖契之主，报乙之主也需退出，才能保持七主之数。大致依照此法，逐次往下推，则大庚继位后（外丙在位时，没有新神主，可以不论），报丙神主可能退出布列，大甲神主升入；小甲继位后，报丁神主退出，大庚神主升入；大戊继位后，示壬神主退出，小甲神主跻入；雍己继位后，示癸神主退出，大戊神主升入；中丁继位后，外丙神主退出（外丙神主何时跻入，不易确定，但考虑到他是大丁的兄弟辈，正常情况下应在大甲复位之后或大庚之时去世而被祔为神主），雍己神主跻入；外壬继位后，小甲神主退出，中丁神主升入。至此，排在雍己神主之前的神主从早至晚依次是上甲主、大乙主、大丁主、大甲主、大庚主、大戊主，共六座，即殷墟卜辞中的"六大示"。所归属的主人皆为直系先王，尤其是自大乙至大戊五位，为紧密相继的商王朝最早的五位直系先王。自雍己始，殷王名号再无冠以"大"称的。实际上，外壬为王之时，其兄中丁神主之前虽然有其叔父雍己之主，但由于他们兄弟二人的先后继位为王已经让其叔父雍己基本成为一个无子继位为王的旁系先王，外壬有可能将雍己神主撤出七主之祀，而将其兄中丁的牌位升入。如此，则形成的七主之祀布局是，上甲神主居西面东，东面从东往西，依次是大乙（处北）与大丁（处南）父子神主南北对立、大甲（处北）与大庚（处南）父子神主南北对立、大戊（处北）与中丁（处南）父子神主南北对立，上甲东侧恰为三对前后紧密相继的父子。卜辞中除去上述"大示"外，还有"小示"和"大乙""小乙""大丁""中丁""小丁"之称。关于这些冠在祖先名号天干字前的"大""中""小"，陈梦家先生以为是"表示庙主先后次第的"[1]，即"大"最早，"中"居中，"小"最晚。由于这些祖先名号都与必须祭祀的神主相关联，似乎还可以理解得更简单一些，即这些"大""中""小"，或许就是指神主牌位体量的"大""中""小"。胡厚宣先生早年就注意到殷人宗庙神主大小的问题，他认为"直系之先祖用大主，旁系之先祖用小主"[2]。他的基本思路是对的。《春秋公羊传·文公二年》何休注："主状正方，穿中央达四方，天子长尺二寸，诸侯长一尺。"唐杜佑《通典》："《汉仪》云：'帝之主九寸，前方后圆围一尺；后主七寸，围九寸……，晋武帝太康中制太庙神主，尺二寸，后主一尺与尺二寸中间。'"可见晚期不同等级贵族的神主也大小不一，则殷人不同地位的先公先王神主大小也应不同。因为晚商以后，合祭所含神主繁多，当若干个神主有相同的日干名时，牌位本身大小制作得不一样，就可以让祭祀参与者对

[1] 陈梦家：《殷墟卜辞综述》，北京：中华书局，1988 年 1 月第 1 版第 1 次印刷，第 439 页。

[2] 胡厚宣：《殷代婚姻家族宗法生育制度考》，载《甲骨学商史论丛初集》，济南：齐鲁大学国学研究所，1944 年 3 月第 1 版第 1 次印刷，第 16 页。

于诸神主具体所指一目了然。一般出于尊祖、敬祖的考虑，必然是在先者的牌位大，在后者的牌位小。故陈梦家先生的先后次第说很有见地。大丁、中丁、小丁三者：大丁最早，牌位最大；中丁时代居中，牌位大小也居中；小丁（祖丁）最晚，牌位也就最小。当"三丁"牌位同时出现在某合祭场合时，祭祀参与者对它们的所指一目了然。朱凤瀚先生认为卜辞中"自上甲六大示""六大示"与"大示"皆指上甲、大乙、大丁、大甲、大庚、大戊六位确定的先王。[1]朱先生的看法非常有见地。其中五位先王庙谥带"大"字，与他们神主牌位体量较大有关。前面顺推商王室可能实行的七主之祀时认为，中丁死，弟外壬继位，跻兄中丁神主，而可能将先大戊继位的小甲神主撤出，从而让上甲以下、大戊以上全为直系先王，且自大乙至大戊五世前后紧衔相继。虽然尚有一旁系先王雍己存在，但其神主位次在大戊之后，不影响前面的清一色。同时，如前所述，外壬也有可能将叔父雍己神主撤出，形成

---

[1] 朱凤瀚：《论殷墟卜辞中的"大示"及其相关问题》，载中国古文字研究会、中华书局编辑部编：《古文字研究》第十六辑，北京：中华书局，1989年9月第1版第1次印刷，第36~48页。

大乙至中丁六世直线的紧密相连，并合始祖上甲，成七主布局。巧合的是，正是自雍己以后，殷室先王名号不再冠有"大"字。殷室"大示"的概念最早应该就是在这时形成。

综上所述，殷室"自上甲六大示"概念的存在及上甲至报丁四先公名号的特别字形，提示殷人至少自大乙开国伊始，即存在一种七主之祀。这类七主之祀，若依凌家滩祭坛墓地与良渚文化瑶山墓地的情况看，可能渊源甚古，所谓"七庙之制其来尚矣"（宋卫湜《礼记集说》卷三十语，宋陈祥道《礼书》卷六十七《天子七庙》论之），非仅始自商汤开国。《礼记》卷四十五《祭法》："七代之所更立者，禘、郊、宗、祖，其余不变也"；孙希旦集解："人为万物之灵，故其死也，屈而能伸，是以有昭明、焄蒿、凄怆之感，此立庙祭祀之法所由起也。上文言禘、郊、宗、祖之所及，自黄帝以至于周，黄帝为立法之祖，历颛顼、帝喾、唐、虞、三代为七代，专数唐、虞、三代则为五代。于所不变言'五代'，于所变特言'七代'者，以明禘、郊、宗、祖之法起于黄帝以来，而不始于虞也。其余不变者，谓自天子以下立庙多寡之法也。"[1]学者或疑宗庙制度起源甚古之论，但若考虑凌家滩、良渚乃至二里头、殷墟等处上古相关考古学材料，则传世文献所言未必皆为无据。前面在尝试复原商代早期七主合祭祀典时，没有考虑《史记·殷本纪》所言的中壬与沃丁。中壬与沃丁不见于乙辛周祭祀谱，有不少学者怀疑二位殷王的存在。[2]但前文论述过，同样不见于乙辛周祭祀谱的廪辛应该是存在的，所以似可类推中壬与沃丁应该也存在，只是由于某种原因未入周祭祀典。前面不考虑中壬与沃丁进行七主之祀复原，方方面面皆相合无间，但若纳入二王则势必遍生龃龉。周祭是商代晚期兴起的祀典，在大力加强父死子继王位直线传承的背景下，不能容纳远祖中的旁系先王完全可以理解。而七主之祀作为商开国伊始即有的重典，也不容纳中壬、沃丁二人，可见商王室建国伊始就在努力"纯洁"王位的直线传承制度。

---

[1] 〔清〕孙希旦撰：《礼记集解》，北京：中华书局，1989年2月第1版第1次印刷，第1197页。

[2] 常玉芝：《商代周祭制度》，北京：中国社会科学出版社，1987年9月第1版第1次印刷，第137~138页。

殷王外壬在位时，七主之祀祭祀的是上甲、大乙、大丁、大甲、大庚、大戊和中丁。这七位神主，正是《屯南》1015中的"七大示"[1]。而殷人以"七大示"为呼，应该是有七代之祀观念的一个反映。

盛装上甲神主的石函与盛装报乙、报丙、报丁的石函，基本形制可能是一样的，都应为六面的正方体或长方体，且其中一面可能是可以启闭的。没有祭祀活动时，石函处于封闭状态，藏于石室。举行祭祀时，石函被取出打开，置于祭祀场合特定位置，露出神主。上甲石函独处于西，开启以后，以人正面视觉所得，就应该示为田形；而报乙、报丙、报丁之石函分处南北两排，一边或两边紧邻其他神主石函，所有石函都开启以后，以人视觉言之，为简约起见，示为匚、匞、匚形。故前引甲骨学者强调口与匚或匚的不同特别有意义，因为两种符号的差别是神主石函摆放位置与礼仪地位不同的标志。卜辞中上甲与"三报"名号外总是加口、匚或匚标符，可能因为这四个神主制作得较早，使用得也较多，为保护神主免受损坏，在所有祭

---

[1] 胡辉平:《殷卜辞中"大示"问题再研究》,《考古》2010年第3期，第71~79页。

祀场合，这四个神主都以带着石函的形式出现。而示壬及其以后的先公先王的神主，可能平时也盛装于石函并置于宗庙石室中，但在祭祀场合出现时，则可能不带石函，故他们的名号外均不加口、匚或冂标符。

根据卜辞材料，殷人上甲以降的所有直系先王均有独享的宗庙，而且这些宗庙永久保存，没有后世所谓的毁庙之制。[1]目前考古发现的商代都城宫殿宗庙建筑均为四面封闭的四合院形布局[2]，与陈梦家先生早年根据甲骨文材料得出的结论[3]是一致的。但每一个商代都城内这些四合院的数量都很有限，卜辞所言每个直系先王独有的宗庙不太可能是考古发掘的一整个四合院。故王震中先生推测每个四合院主体建筑的每个隔间可能就是甲骨文中所言的那些直系先王独有的

[1]　a. 陈梦家：《殷墟卜辞综述》，北京：中华书局，1988年1月第1版第1次印刷，第469页；b. 朱凤瀚：《殷墟卜辞所见商王室宗庙制度》，《历史研究》1990年第6期，第3~19页。

[2]　杜金鹏：《洹北商城一号宫殿基址初步研究》，《文物》2004年第5期，第50~64页。

[3]　陈梦家：《殷墟卜辞综述》，北京：中华书局，1988年1月第1版第1次印刷，第481页。

宗庙[1]，其说有理。甲骨文中既有"某祖宗"，亦有"某祖室"，可能就表明一个直系先王独有的宗，实际上也就占据一个室而已。这一点其实与晚期帝王实行的"七庙同堂"之制颇为相似，例如南朝梁武帝所建宗庙，即为"太祖之庙不毁，与六亲庙为七，皆同一堂，共庭而别室"（《隋书》卷七《礼仪志二》）。早商时期的偃师商城四号宫殿建筑基址，多被学者推测为宗庙。[2]基址主体建筑南面有四个台阶[3]，可能表明分割为四个室[4]，或暗示早商时期的"四亲庙"。目前考古发现的商代宗庙主体建筑，可分四间、九间、十间或十一间等。杜金鹏先生[5]和王震中先生[6]认为洹北商城一号宫殿建

[1] 王震中：《商代都邑》，北京：中国社会科学出版社，2010 年 10 月第 1 版第 1 次印刷，第 96~100 页。

[2] 王震中：《商代都邑》，北京：中国社会科学出版社，2010 年 10 月第 1 版第 1 次印刷，第 281 页。

[3] 中国社会科学院考古研究所河南二队：《1984 年春偃师尸乡沟商城宫殿遗址发掘简报》，《考古》1985 年第 4 期，第 322~335 页。

[4] 杨鸿勋：《宫殿考古通论》，北京：紫禁城出版社，2001 年 8 月第 1 版第 1 次印刷，第 47 页图三五。

[5] 杜金鹏：《洹北商城一号宫殿基址初步研究》，《文物》2004 年第 5 期，第 50~64 页。

[6] 王震中：《商代都邑》，北京：中国社会科学出版社，2010 年 10 月第 1 版第 1 次印刷，第 280~281 页。

筑基址主体建筑原为十一间，唐际根等先生认为是十间[1]。清初万斯同《庙制图考》："按刘歆之说，谓七庙乃常制，宗不在世数中，苟有功德则宗之，不可预为设数，是天子宗庙或七、或九、或十一无定制也……（庙数）不必拘于奇数，即偶数亦无不可矣。"[2]《礼记·王制》孔颖达疏："凡天子七庙者，有其人则七，无其人则五。若诸侯庙制，虽有其人，不得过五。则此天子诸侯七、五之异也。"[3]如此，则杜、王、唐说皆有合理成分。不过，殷人上甲以上的远祖先公则以七庙室的"河六示"供奉祭拜，说明殷人也是部分使用天子七庙之制的。

宗庙活动与丧葬礼制是相通的。考古发现的七墓葬制，实际上可作为文献七主之祀及七庙制的客观证明。七墓葬制或萌芽于凌家滩祭坛墓地，初步发展于良渚文化瑶山祭坛墓地，成熟于晚商殷墟西北冈王陵

---

[1] 唐际根、荆志淳、何毓灵：《洹北商城宫殿区一、二号夯土基址建筑复原研究》，《考古》2010 年第 1 期，第 23~35 页。

[2] 〔清〕万斯同：《景印文渊阁四库全书·史部四二〇·政书类·庙制图考》（清乾隆四十六年版），第六六二册，台北：台湾商务印书馆，2008 年 12 月第 1 版第 1 次印刷，第 183 页。

[3] 《十三经注疏》整理委员会整理：《礼记正义·王制》，北京：北京大学出版社，2000 年 12 月第 1 版第 1 次印刷，第 449 页。

区，变化于西周北赵晋侯墓地，余续于西汉楚王墓群，孑遗于北宋巩县皇陵、西夏王陵与明十三陵。

中国古代高级贵族墓制与庙制的数额并非固定不变。《礼记·王制》云："诸侯五庙，二昭二穆，与大祖之庙而五。大夫三庙，一昭一穆，与大祖之庙而三。"郑玄注："夏则五庙，无大祖，禹与二昭二穆而已。"孔颖达疏："案《礼纬稽命征》云：'唐虞五庙，亲庙四，始祖庙一；夏四庙，至子孙五；殷五庙，至子孙六。'"

实际上文献所言的三庙制，也不一定专属于大夫阶层。目前学术界比较公认二里头夏王室宫城二号宫殿建筑基址是宗庙建筑，但它的主体殿堂明确分割为三室。[1] 杜金鹏先生以为"中室为'大室'，左右室为'小室'，三室皆得藏主，唯始祖神主居中室，其他祖先神主依昭穆分列左右"[2]。秦雍城马家庄一号建筑群遗址是学术界公认的秦侯宗庙遗迹，其亦采纳一祖、一

---

[1] 中国社会科学院考古研究所编著：《偃师二里头》，北京：中国大百科全书出版社，1999年6月第1版第1次印刷，第152页图93。

[2] 杜金鹏：《二里头遗址宫殿建筑基址初步研究》，载《夏商周考古学研究》，北京：科学出版社，2007年7月第1版第1次印刷，第71页。

昭与一穆的三庙制。[1]

前引淅川下寺春秋楚墓墓地，自南至北、自早至晚，从空间布局上看，应分为M7与M8、M36、M1至M4、M10、M11五代，实际上实行的是五墓制，其等级为楚国令尹级别。

平顶山应国墓地西周早中期七代应侯从南至北、自早至晚依次埋葬在同一座南北走向的山岗上[2]，则它采用的是七墓葬制。

---

[1] 陕西省雍城考古队：《凤翔马家庄一号建筑群遗址发掘简报》，《文物》1985年第2期，第1~29页。

[2] 河南省文物考古研究所、平顶山市文物管理局编：《平顶山应国墓地I上》，郑州：大象出版社，2012年7月第1版第1次印刷，第15~16页图三，第335、765页。

八、汉唐宋明清时期陵墓规划制度的讨论

　　赵化成先生曾总结出一个从商周"集中公墓制"到秦汉"独立陵园制"的演化轨迹。[1]但若仔细梳理中国五千年的陵墓制度史，则会发现秦汉及其以后的各个高级贵族独立陵园之间显然有密切的空间位置联系，并不是真正的"独立"。它们基本上均较为严格地依照礼仪规则在很大的空间范围内布局，而若干个独立陵园实际上则构成一个占用空间非常大的"扩大版""集中公墓制"墓地。同时，若干个独立陵园还构成不同的组别，这些不同的组别之间可以相距甚远，但再远的距离也不能改变它们之间有机的空间位置关系。

---

[1]　赵化成：《从商周"集中公墓制"到秦汉"独立陵园制"的演化轨迹》，《文物》2006 年第 7 期，第 41~48 页。

西汉渭北九陵与唐代关中十八陵尽管均分布在很大的范围内，但实际上各陵园之间的空间位置关系皆严格依照礼仪制度；清代祖陵、福陵与昭陵，东陵及西陵，东西分布范围更大，但实际上各个陵区内各陵园之间及各陵区之间的位置关系皆遵循严格的礼仪规则。

（一）西汉帝陵布局的昭穆制

虽然有争议，但一般认为西汉帝后陵是实行昭穆制度的。[1] 西汉帝后陵墓基本可以分为四组[2]：1. 高祖长陵、惠帝安陵、景帝阳陵；2. 武帝茂陵、昭帝平陵；3. 元帝渭陵、成帝延陵、哀帝义陵；4. 渭南的宣帝杜陵与文帝霸陵。[3] 第一组，长陵居中为始祖墓，安陵与阳陵分处左右为昭穆；第二组，武帝茂陵居中为始

---

[1] 刘庆柱、李毓芳：《西汉帝陵的考古发现与研究》，载洛阳市第二文物工作队编：《洛阳汉魏陵墓研究论文集》，北京：文物出版社，2009 年 10 月第 1 版第 1 次印刷，第 1~27 页。

[2] 刘庆柱：《古代都城与帝陵考古学研究》，北京：科学出版社，2000 年 7 月第 1 版第 1 次印刷，第 208 页图一。

[3] 刘庆柱、李毓芳：《西汉十一陵》，西安：陕西人民出版社，1987 年 7 月第 1 版第 1 次印刷，第 143~151 页。

祖墓，昭帝平陵居东可为昭，但继昭帝为帝的汉宣帝
是汉武帝的曾孙，而不是孙辈，按昭穆制度无法埋葬
在茂陵西侧的墓位，不得已在渭南今杜陵处另建陵园，
而茂陵西边则空缺无陵；第三组，元帝渭陵居中，延陵、
义陵分居东西为昭穆；第四组，除去已经说明的汉宣
帝杜陵外，文帝也是由于和惠帝同为高祖刘邦之子，
无法葬在长陵东侧应该由孙辈占据的墓位，不得已在
渭南另建陵园。也有学者认为，文帝霸陵与宣帝杜陵
独处渭南是由于平辈冲突和代际缺环，不是昭穆制度
的制约[1]，而是皇权传承规范限制。如此理解可能未得
其谛。渭陵西北的西汉末帝平帝之康陵，乃王莽弄权
故意将平帝葬于不昭不穆之地，与昭穆制度无关。也
可能是汉平帝与汉哀帝同为昭位，元帝渭陵东侧既然
已为哀帝义陵所占，平帝康陵不得已另择地而建。当
然，也可能由于《汉书·霍光金日磾传》及《汉书·戾
太子传》都引用的《礼》中的"为人后者为人子"原则，
汉平帝虽然与汉哀帝同辈，但他继承汉哀帝的皇位，
故可视为汉哀帝之子，则为穆位。这样，汉元帝的两

---

[1] 崔建华：《论皇权传承规范对西汉帝陵布局的制约》，《考古与文物》
2012 年第 2 期，第 60~64 页。

个孙辈分别以昭穆祔列在元帝渭陵东西两侧，则亦是昭穆制度的表现。成帝渭南的昌陵确实不符合昭穆制度，但最终没有启用，所以另当别论。西汉帝陵昭穆布局还有一定的规则。《春秋公羊传·文公二年》何休注云，太祖牌位东向时，则昭南向在北，穆北向在南，为左昭右穆。以面南背北计，左昭右穆则为左昭在东，右穆在西。因为西汉皇室以高祖刘邦之父太上皇为世系之始，故定汉高祖刘邦为第一代昭，所以他的儿子汉惠帝为穆，葬在长陵西侧；其孙汉景帝自然又是昭位，故葬在东侧。汉武帝是汉景帝的儿子，所以成穆位；汉武帝的儿子汉昭帝则又成昭位（这从他的帝号中也能明显看出），故葬在茂陵东侧。汉昭帝无子即位为帝，且西汉皇室所有比汉昭帝低一辈的成员均无即位为帝者，继汉昭帝为帝的汉宣帝比汉昭帝低两辈，若按严格的昭穆父子交替相继的原则，汉宣帝也应为昭位。但依照历史上素有争议的"为人后者为人子"原则，汉宣帝被视为穆位。这样，宣帝子汉元帝就成昭位，再往下，则元帝子成帝又成穆位，故葬在元帝渭陵西侧；元帝孙哀帝自然又是昭位，葬于渭陵东侧得其宜。最后，汉平帝复为穆位，葬于渭陵西侧，亦得其宜。可以认为，元帝渭陵居中，哀帝义陵昭位居东，平帝康陵穆位居西，又成一组变通的一祖一昭一穆三墓制。按照生物学的血缘关系，汉平帝与汉哀帝同辈。但在昭穆制度中有"为人后者为人子"的原则，即不论生物学关系如何，后继位者一律视作前任昭穆礼仪语境下的子辈。由于汉哀帝和汉平帝生物学上均为汉元帝之孙辈，三人亲缘关系比较近，认为此三人又成一组一祖一昭一穆是可通的。不仅西汉皇室刘姓成员遵循同一套昭穆序列，甚至全天下被分封的刘姓诸侯王家族皆遵循这一套昭穆序列。其中就包括分封在徐州的楚王家族所有刘姓成员。西汉帝后陵墓的排列显然属于一祖一昭一穆的三墓制，他们都是明确的最高级贵族。

此外，也可以认为整个渭北西汉帝后九陵是有一个通盘的考虑的。即以东北方向的太上皇刘煓万年陵为祖穴，第一组长、安、景三陵因中心陵长陵之昭而整体计为昭位组，故位处于东；第二组茂、平二陵因中心陵茂陵之穆而整体计为穆位组，故位处于西。由于茂陵之穆位及以其为核心的陵组为穆位是确定的，因此下一个三墓组及其中心陵应该是昭位也是可以确

定的。因为如果是正常的传承，武帝茂陵为穆位，居
中，其子陵为昭位，处东，其孙陵为穆位，处西，于此，
则此三墓组成，而下一个墓组的中心陵只能是昭位，
所以以其为核心的墓组也只能是昭位组。也就是说下
一个墓组必得在茂陵组之东，所以茂陵之东须预留较
大的空间。这个昭位墓组也可视作与茂陵穆位墓组以
左东昭、右西穆的布局，列于东北方向太上皇刘煓的
万年陵之前。而渭北九陵自早至晚三组陵墓中心陵是
昭（高祖长陵）→穆（武帝茂陵）→昭（元帝渭陵），亦
符合昭穆规则的先后传承顺序。一祖一昭一穆三陵中
可能以居中之陵的昭穆定整个陵组的昭穆，而不同陵
组之间则以太上皇陵为共同的祖陵按照左昭右穆布
局。按照这个思路，西汉皇室可以在渭北布局"千秋
万代"的陵墓大区。

西汉帝陵三重、诸侯王陵二重、列侯墓园一重，
诸侯王陵比帝陵少的那一重，一定程度上可以理解是
缺少帝都的皇城或是缺少皇帝所拥有的外圈天下，而
后一种成立的可能性更大。换言之，作为皇帝辖下的
诸侯王是不拥有天下的。这种制度直至明代还在沿用，

例如明梁庄王茔园就只有外、内两重[1]。

（二）东汉帝陵的"遥祖"式昭穆布局

东汉帝陵分布在东汉洛阳城西北和东南两个兆域。[2] 按照《后汉书·光武帝纪》的记载[3]，光武帝刘秀的世系渊源如下：刘煓（太上皇，不计昭穆）→汉高祖刘邦（昭）→汉文帝刘恒（穆）→汉景帝刘启（昭）→刘发（穆）→刘买（昭）→刘外（穆）→刘回（昭）→刘钦（穆）→光武帝刘秀（昭）。光武帝原陵在洛阳城北兆域，而其子汉明帝之显节陵则在南兆域。前已论

---

[1] 湖北省文物考古研究所、钟祥市博物馆编著：《梁庄王墓》，北京：文物出版社，2007年3月第1版第1次印刷，第7页。

[2] a. 韩国河：《东汉陵墓踏查记》，《考古与文物》2005年第3期，第13~21页；b. 韩国河：《东汉帝陵有关问题的探讨》，《考古与文物》2007年第5期，第10~17页；c. 中国社会科学院考古研究所编著：《中国考古学·秦汉卷》，北京：中国社会科学出版社，2010年7月第1版第1次印刷，第331~339页；d. 钱国祥：《东汉洛阳帝陵的布局与归属辨析》，《中原文物》2019年第1期，第57~62页；e. 洛阳市第二文物工作队编：《洛阳汉魏陵墓研究论文集》，北京：文物出版社，2009年10月第1版第1次印刷，第64页图一。

[3] 〔南朝宋〕范晔：《后汉书》，北京：中华书局，1965年5月第1版第1次印刷，第1页。

及，西汉渭北九陵是以太上皇万年陵为核心布局的，若东汉帝陵也以万年陵或高祖长陵为祖陵，按照宗庙合祭时太祖牌位独置于西东向，子孙辈灵位分昭穆居南北，父子相对之法，作为昭位成员的刘秀原陵就应该设置在北，而其子明帝显节陵恰应该在南。尽管西汉渭北诸陵距离东汉帝陵所在遥远，但并不妨碍它们的布局是在通盘考虑下设置的，此可呼为"遥祖"法则。"遥祖"法则可能在春秋时期的秦雍城陵区已有展现。秦人早期陵区在甘肃东部的礼县大堡子山，远在雍城陵区之西，但雍城陵区诸秦公陵园按照父昭（居东北）、子穆（居西南）的形式布局，显然是"遥祖"西面的礼县西垂陵区。[1] 光武帝原陵是东汉帝陵北兆域的主陵，由于光武帝为昭位君主，故整个东汉帝陵北兆域可定为昭位陵组；而明帝显节陵是东汉帝陵南兆域的主陵，由于明帝为穆位之帝，故整个东汉帝陵南兆域可视为穆位陵组。整个昭位陵组居北，整个穆位陵组居南，两个陵组南北相对，而以西面的西汉帝

---

[1] a. 陕西省雍城考古队：《凤翔秦公陵园钻探与试掘简报》，《文物》1983年第7期，第30~37页；b. 徐卫民：《秦公帝王陵》，北京：中国青年出版社，2002年10月第1版第1次印刷，第29页图。

陵为祖陵所在。至于东汉帝陵北兆域内部诸陵的布局，则是将主陵——光武帝原陵独置于陵区西北尊位，安、顺、冲三帝之陵自早至晚、自西南往东北直线顺排[1]，共有四座正常安排的帝陵；而东汉帝陵南兆域内部诸陵的布局，则是自北往南、自早至晚直线顺排明、章、和、殇四帝之陵[2]，亦为正常安排的四陵。南、北兆域均只正常安排四座帝陵的情形，似为四亲概念的一种展现。而北兆域的灵帝文陵与南兆域的桓帝宣陵及质帝静陵，则属各自兆域"规划外"的布局，非正常安排的墓葬，因为各自墓主皆在现实政治生活中出现过变故。

（三）北魏唐辽宋明清帝陵的各式昭穆布局

北魏孝文帝拓跋宏长陵在北魏洛阳城西北邙山中，其子北魏宣武帝拓跋恪景陵在长陵南偏西，其孙

---

[1] 钱国祥：《东汉洛阳帝陵的布局与归属辨析》，《中原文物》2019年第1期，第59页图二。

[2] 钱国祥：《东汉洛阳帝陵的布局与归属辨析》，《中原文物》2019年第1期，第61页图三。

北魏孝明帝拓跋诩定陵在东面较远处，可能是由于长陵、景陵与定陵之间安排有大量北魏皇室成员墓葬之故[1]，但总体说来，始祖墓长陵居北之中，孝子贤孙墓穴在南面东西两侧，基本形成一祖一子一孙的三墓制昭穆制度。

关中渭北分布着唐帝国十八陵。[2]目前多认为唐人未按昭穆制度对整个陵园进行总体规划，但沈睿文先生认为，仔细解析唐代关中诸陵的安排，不难发现确有一定的原则[3]，可从。他认为，关中唐陵以最早埋葬的唐太祖李虎的永康陵为始祖陵，其余诸陵皆以永康陵为基点布置。[4]他的观点提供了一个新思路，较有见地。若以永康陵为中心，可发现绝大部分唐陵均

---

[1] 宿白：《北魏洛阳城和北邙陵墓——鲜卑遗迹辑录之三》，《文物》1978年第7期，第42~52页。

[2] a. 陈安利：《唐十八陵》，北京：中国青年出版社，2001年5月第1版第1次印刷，第2页图；b. 沈睿文：《唐陵的布局：空间与秩序》，北京：北京大学出版社，2009年4月第1版第1次印刷，第13、45页图。

[3] 沈睿文：《唐陵的布局：空间与秩序》，北京：北京大学出版社，2009年4月第1版第1次印刷，第45页。

[4] 沈睿文：《唐陵的布局：空间与秩序》，北京：北京大学出版社，2009年4月第1版第1次印刷，第45页图2~5、第85~89页。

可分属昭穆排列的三陵一组。如李虎永康陵居中，右为其子李昺兴宁陵，左为其孙李渊献陵；复以永康陵为中心，左为李渊献陵，右为渊子唐太宗昭陵；复以永康陵为中心，右为唐高宗乾陵，左或为其子中宗李显定陵，或为其另一子睿宗李旦桥陵；复以永康陵为中心，左为唐玄宗泰陵，右则为其子唐肃宗建陵；复以永康陵为中心，左为唐肃宗建陵，右则为肃宗子代宗元陵；复以永康陵为中心，左为元陵，右为崇陵；复以永康陵为中心，右为崇陵，左为丰陵；复以永康陵为中心，左为景陵，右为贞陵；若以永康陵为始祖墓面东居西计，穆宗光陵与其子敬宗庄陵或另一子武宗端陵，也可形成一个三陵昭穆组合；复以永康陵为中心，右为贞陵，左为简陵；复以永康陵为中心，左为简陵，右为僖宗靖陵。实际上就是历代唐帝父子反复利用始祖墓作为基点，昭穆左右对称布局。唐人尊太祖李虎，也可从唐杜佑《通典》卷五十《禘祫下》所述唐代许多礼仪官员力主尊李虎为唐太庙中的东向"太祖"（始祖）中略见一斑。这种始祖墓被多次利用的情况，在前引徐州西汉楚王墓群（太祖墓为楚元王墓）及下引明十三陵（太祖墓为长陵）例中均有不同程度体现。很显然，唐陵实行三墓制。

五代十国的陵墓，由于多是一代、两代，最多三代，因此，难以形成系统的、长时间使用的大规模陵区，但二代或三代的陵墓也是按照昭穆排列。例如后汉高祖刘知远睿陵在河南汝州西北 30 公里的柏口山，而后继的后汉隐帝刘承祐的颍陵则在睿陵西 4 公里处，与后来西夏王陵、巩县北宋皇陵自始祖墓穴开始，先自东南向西北列墓近似；后周太祖郭威嵩陵在南，其养子后周世宗柴荣庆陵在北，后继的后周恭帝柴宗训顺陵则在世宗庆陵东北，与巩县北宋皇陵先自东南往西北、复自西南往东北的昭穆"贯鱼葬"极为相似。南唐烈祖李昪钦陵在东南，其子南唐中主（元宗）李璟顺陵则在西北，亦为典型的先自东南往西北昭穆葬法。[1]

位于内蒙古巴林右旗的辽庆陵三陵东西一字排

[1]　a. 南京博物院编著：《南唐二陵发掘报告》，北京：文物出版社，1957 年 7 月第 1 版第 1 次印刷，第 1~94 页；b. 张学锋：《五代十国帝王陵墓通叙》，载纪念南唐二陵发掘 60 周年活动组委会编著：《纪念南唐二陵发掘 60 周年学术论文汇编》，2010 年 12 月第 1 版第 1 次印刷，第 63~94 页；c. 张学锋：《中国墓葬史》，扬州：广陵书社，2009 年 7 月第 1 版第 1 次印刷，第 391~409 页。

开，学界或以为较早的圣宗永庆陵居中、稍晚的兴宗
永兴陵居东、最晚的道宗永福陵居西，或以为圣宗永
庆陵居东、兴宗永兴陵居中、道宗永福陵居西。[1] 前
一种属于祖居中、昭穆分居东西左右，后一种属于自
东向西、从早至晚一字排列，与西周晋侯墓地和明
十三陵裕、茂、泰、康四陵的布置相合。无论何种情形，
辽庆陵三陵的空间位置安排为传统昭穆制度排位中的
一种。

　　根据郑嘉励先生的复原 [2]，南宋诸帝绍兴攒宫似乎
也是自南向北、从早至晚，以南渡后第一帝宋高宗陵
为始祖陵（大致居南部中间），依昭穆次序安排其余孝、
光、宁、理、度五帝陵。孟凡人先生也认为南宋诸陵
应以高宗永思陵为祖穴，孝宗永阜陵在高宗永思陵下
宫之东南。[3] 刘毅先生也对南宋六陵的排位做出类似

[1]　彭善国：《辽庆陵相关问题刍议》，《考古与文物》2008 年第 4 期，
　　　第 76~78 页。

[2]　郑嘉励：《南宋六陵诸攒宫方位的复原意见》，《考古与文物》2008
　　　年第 4 期，第 63~68 页、第 65 页图二。

[3]　孟凡人：《南宋帝陵攒宫的形制布局》，《故宫博物院院刊》2009 年
　　　第 6 期，第 30~54 页。

的复原。[1] 南宋攒宫诸陵基本上自早至晚、自南向北排布，与殷墟后冈西区墓地的墓位排列较为接近。而宋徽宗陵由于是客死的被囚禁的皇帝的陵墓，显然未被作为南宋攒宫的始祖陵。此陵偏居东北，属序列之外。其他北宋的皇后等皆为旧人，各自陵墓皆属南宋六陵"规划外"埋葬。因此，南宋诸帝绍兴攒宫虽是暂厝，但也是自南往北昭穆排列。

不仅西汉帝后陵墓与唐代帝王陵区用三墓制，前引明十三陵的前三陵——明成祖长陵、明仁宗献陵与明宣宗景陵，也是以三陵之数形成始祖居中、昭穆列左右的布局。清东陵始建于清圣祖康熙年间，康熙先将其父、入关后第一个皇帝清世祖顺治埋葬于孝陵，然后在孝陵东侧的昭位为自己营建景陵。继康熙为帝的清世宗雍正本该续葬在孝陵西侧的穆位，但为使自己成为"太祖"，他在易县另辟清西陵，所以只能是顺治曾孙清高宗乾隆葬于孝陵西侧的裕陵。此种情形的出现也算是古代末期礼制不甚严谨的结果，因为西汉中期的汉宣帝就因为是汉武帝的曾孙，无法葬于茂陵

---

[1] 刘毅:《南宋绍兴攒宫位次研究》,《考古与文物》2008 年第 4 期, 第 52~62 页。

西侧的穆位，而不得已另起杜陵于渭南。乾隆下葬后，在清东陵形成一个三陵陵园。隔清仁宗嘉庆与清宣宗道光两代后，清文宗咸丰与清穆宗同治父子又祔葬在陵区东西两侧，最后形成清东陵五陵之制。清西陵也是依中国古代传统礼制而成。首先，世宗雍正作为陵区的开辟者，以"太祖"身份葬于陵区中心的泰陵，其子高宗乾隆选葬东陵，故东侧的昭位只得空着。其次，雍正之孙仁宗嘉庆葬于泰陵西侧的昌陵，正得其宜；宣宗道光作为雍正的曾孙自然不能葬于泰陵东侧空着的昭位，而只能在昌陵以西更远处营建陵墓。最后，清德宗光绪崇陵建于泰陵东侧较远处，算是一种礼制的尾声。不计最后入葬的溥仪，清西陵最终形成四陵陵区。[1]

由此可见，三墓制、五墓制与七墓制均是比较流行的高级贵族墓地布局形式。但一般情况下，最高级贵族墓地采纳七墓制的多。尽管证明文献所言有据，但并不绝对。北宋以后，七墓制似不再被严格遵守。不过，前述北京昌平明十三陵，似乎还有一些七墓制

---

[1] 徐广源:《大清皇陵秘史》，北京：学苑出版社，2010 年 1 月第 1 版第 1 次印刷，第 3~4 页。

的影子，即按昭穆布局的前三陵加紧接着的从东至西直排的四陵，形成一个七墓制。从明世宗嘉靖第八陵（永陵）开始，似乎复以最早的始祖墓长陵为核心重新布置，复计长陵之数，恰成第二个七代格局。而后明王朝灭亡，加上明世宗也不是其前任明武宗之亲子，恰应变更陵区布局。这些算是历史的巧合。[1]

清人入关前在关外已有三陵：新宾的永陵（祖陵）、清太祖努尔哈赤的福陵、清太宗皇太极的昭陵。此三陵可能已依照昭穆规划布局，具体而言，就是永陵为祖居东北、福（东）昭（西）二陵分昭穆居东西左右，视太祖努尔哈赤为昭位陵主，太宗皇太极为穆位陵主。福、昭二陵陵组的主陵显然应该是太祖的福陵，即昭位陵。入关以后，圣祖康熙规划营建清东陵，以其父世祖顺治帝之孝陵为主陵；清世宗雍正帝另建清西陵，他自己的泰陵为清西陵的主陵。虽然入关前太祖努尔哈赤计为昭位陵主，但入关后，尊为清太祖的努尔哈赤则不计昭穆，其子皇太极为昭，其孙顺治

---

[1] 刘敦桢主编：《中国古代建筑史（第二版）》，北京：中国建筑工业出版社，1984年6月第2版、1993年5月第6次印刷，第358页图185-1。

帝则为穆，故整个清东陵可视为穆位陵组。相对于关外福、昭二陵的昭位陵组，清东陵大致处在西穆的位置上。顺治帝为穆位，其子圣祖康熙帝则为昭位（康熙景陵在孝陵东也符合其位向），其孙雍正帝为穆位。由于雍正帝泰陵为穆位陵，故以其做主陵的清西陵则为穆位陵组。相对于关外福、昭二陵的昭位陵组，清西陵的位置符合昭穆制度。[1]清东陵与清西陵二陵组之间似乎不产生关系，表明圣祖康熙帝当初规划布局清东陵时，并没有有关清西陵的计划，营建清西陵属于雍正帝的"计划外"行为。

（四）历代帝陵布局中的尊西右原则

值得注意的是，清东陵与清西陵两个陵区内的后陵，除去嘉庆昌陵由于东边离雍正泰陵太近，无法再安排陵墓，后陵建在昌陵西边，其余所有后陵一律安排在帝陵的东侧。这种情况与西汉帝后陵园内正常埋葬的西汉皇后一律葬在帝陵东侧十分一致。对于西汉

---

[1] 中国第一历史档案馆编:《清代帝王陵寝》，北京：档案出版社，1982年第1版第1次印刷，第2页图。

帝后陵园内帝西后东之制，学者中多有质疑者[1]，而中国古代最后两个帝陵的情况似乎又可作为帝西后东之例证。西汉得到正常丧葬礼仪且被正式册封的皇后均埋葬在其夫帝陵墓之东。我们从刘邦父亲太上皇刘煓的太上皇陵开始略述其宜。刘煓虽然被其子刘邦尊为太上皇，但他其实从未做过皇帝，所以他陵墓的封土规模（边长只有 68 米，高 17 米），远远小于长陵及以后其他西汉帝后陵墓的封土规模。太上皇夫人昭灵后的陵墓，底部宽 22 米、长 26 米，高仅 8 米，规模更小。早在刘邦起兵时，昭灵夫人就已去世，葬陈留。现在太上皇陵西北的陵墓实际上是昭灵夫人的衣冠冢之类，并非真正的陵墓。正如其夫刘煓不是真正的皇帝一样，昭灵夫人也不是真正意义的皇后，加上衣冠冢、迁葬等原因，我们以为汉太上皇陵的"帝东后西"，正表明真正意义的皇帝与皇后应该是帝西后东葬。汉高祖长陵的帝西后东有明确的文献证据，在没有对两座陵墓进行考古发掘的情况下，我们以为不能轻易否

---

[1]　a. 岳起、刘卫鹏等:《西汉昭帝平陵钻探调查简报》,《考古与文物》2007 年第 5 期, 第 3~5 页; b. 刘卫鹏:《由平陵建制谈西汉帝陵制度的几个问题》,《考古与文物》2007 年第 5 期, 第 6~9 页。

定。至于长陵内两座封土堆的规模，刘庆柱先生与岳起、刘卫鹏二位给出的并不一致，但说两座封土堆在规模上难分伯仲，应该是比较公允的。又由于吕后比刘邦晚去世 15 年，而且在刘邦去世后是西汉帝国真正的统治者，即令她的陵墓封土规模比刘邦的稍大，也是可以理解的。汉惠帝安陵在东，孝惠张皇后陵在西，是由于张皇后被废处北宫，不将她葬于皇后本应埋葬的东位，正得其宜。而且孝惠张皇后陵封土规模很小，偏处西北，降礼以葬的色彩非常明显。换句话说，她死后，汉室主持丧葬之人没有将她作为完全意义的皇后看待。文帝霸陵、景帝阳陵的帝西后东之制，学术界从来无异议，故无需辩。武帝一生宠爱不少，但由于各种原因，他在长达 53 年的皇帝生涯中并未真正立过一位皇后。钩弋夫人冤死甘泉，另葬云陵，茂陵内无其葬处。李夫人因最得武帝宠爱，故得葬茂陵，但她并不是真的皇后，所以只能葬于茂陵西北的偏处，而不能葬于茂陵东侧的皇后位。昭帝平陵从新材料来看，刘庆柱先生当年的判断有误，确为帝东后西，但因为上官皇后所在的上官氏曾被灭族，所以她不能葬于皇后的东位。宣帝杜陵帝西后东素无争议。元帝傅昭仪是完全意义的皇后，故葬于元帝渭陵东北皇后正葬位。王皇后（王莽姑母）不是正后，故本不能葬于皇后正葬位（东位）。而且王莽也不想让他们王氏显赫家族成员仅仅做刘姓汉帝的附庸，故将王皇后葬于元帝渭陵西北，并沟绝王皇后陵与其东南的元帝渭陵。成帝延陵东北确为秦惠文王陵，非成帝后妃葬处。许皇后赐药自杀，故不能以皇后礼葬，刘庆柱先生推测可能葬于成帝延陵之南 2 里处，暂从。哀帝傅皇后陵在东北，符合帝西后东之制。平帝康陵东南 570 米咸阳农业科学研究所院内的陵墓可能为平帝后陵。若属实，则符合帝西后东之制。若非平帝王皇后陵，也可推其解。首先，王莽是将平帝毒死的，然后将他葬于渭陵与延陵之间一个不昭不穆的位置，就是故意不以帝礼埋葬他。王莽女儿本自杀于乱世，如果不能全礼以葬，完全可以理解。

综上，我们以为西汉皇帝应该葬于西位，皇后应该葬于东位。如果某位后妃是完全意义的皇后，她本来的葬位就应该在东侧。[1] 葬于东位是她得到皇后礼

---

[1] 焦南峰等：《神道、徼道、司马门道——西汉帝陵道路初探》，《文物》2008 年第 12 期，第 56 页图一。

遇的一个重要体现。除非出现一些问题，她才会被葬
于其他方位，如帝陵西北。刘庆柱先生以为帝西后东
在现实中的代表是未央宫（居西，皇帝居处）与长乐
宫（居东，太后居处），可备一说，不是定论或确论。
废黜的后妃多居未央宫北面、长乐宫西北的桂宫或北
宫，倒是与有问题后妃居帝陵西北有些相合。帝西后
东的根本原因可能还在于地道尊右（以坐北面南计，
西为右）的原则。

　　粗略观察中国古代几千年贵族夫妇的合葬墓例就
会发现，男西女东是主流的穴位安排原则。例如在殷
墟低级贵族与平民夫妇异穴并葬墓组中，只要是南北
向的墓列，一般均为男西女东。殷墟西北冈王陵区虽
然不实行夫妇异穴并葬，但葬有王配的王陵东区位处
东，某种意义上也算是男西女东。张家坡西周墓地井
叔墓 M157 东侧为井叔夫人墓 M163，并且年代最早、
规格最高的高祖墓 M157 居于最西，以下从早至晚、
自西往东依次布列 M152、M168、M170 等历代井叔
墓 [1]，尊西右痕迹十分明显。浚县辛村西周卫国墓地也

---

[1] 中国社会科学院考古研究所编著：《张家坡西周墓地》，北京：中国
　　大百科全书出版社，1999 年 6 月第 1 版第 1 次印刷，第 377、379 页。

有尊右之俗，郭宝钧先生以为该墓地内"早期墓在右，晚期墓在左；主人墓在右，陪从墓在左；男子墓在右，女子墓在左；人葬坑在右，车马坑在左"[1]。平顶山应国墓地最早的 M232、M231 墓列中，由于 M231 墓主可能是地位较低的少夫人，故墓穴布置在其夫墓 M232 之西南外，其余应侯夫人墓穴皆在各自应侯墓穴之东。[2]三门峡虢国墓地虢国国君虢季墓 M2001 也在其夫人墓 M2012 之西。[3]前引北赵晋侯墓地 M114、M113 与 M9、M13 两个早期墓组也是男西女东。陕西韩城梁带村芮国墓地南区 M27、M26、M19 墓组的布局形式极类北赵晋侯墓地 M64、M62、M63 墓组，皆为自东至西依次安排主墓、正夫人墓与次夫人墓，同样为男左（东）女右（西）。但 M27 东侧为其子墓

[1] 郭宝钧：《浚县辛村》，北京：科学出版社，1964 年 10 月第 1 版第 1 次印刷，第 7 页。

[2] 河南省文物考古研究所、平顶山市文物管理局编：《平顶山应国墓地 I 上》，郑州：大象出版社，2012 年 7 月第 1 版第 1 次印刷，第 14 页。

[3] 河南省文物考古研究所、三门峡市文物工作队编著：《三门峡虢国墓》，北京：文物出版社，1999 年 12 月第 1 版第 1 次印刷，第 10 页图五。

M28[1]（或认为墓主仅为一般公子，不是一代芮公[2]），成父右（西）子左（东）的排列，仍有尊右（西）之义。新近发掘的湖北随州叶家山西周早期曾国墓地墓葬基本为东西向，也是国君墓在西、夫人墓在东的布局。[3]徐州西汉楚王墓群早期也是王墓右、后墓左[4]；永城梁孝王墓（保安山一号墓）在右（南），其妻李太后墓（保安山二号墓）在左（北）[5]（以墓主头西计）；满城

[1] a. 陕西省考古研究院等：《陕西韩城梁带村遗址 M19 发掘简报》，《考古与文物》2007 年第 2 期，第 3~14 页；b. 陕西省考古研究院等：《陕西韩城梁带村遗址 M27 发掘简报》，《考古与文物》2007 年第 6 期，第 3~22 页；c. 陕西省考古研究院等：《陕西韩城梁带村遗址 M26 发掘简报》，《文物》2008 年第 1 期，第 4~21 页；d. 陕西省考古研究院等编著：《梁带村芮国墓地——二〇〇七年度发掘报告》，北京：文物出版社，2010 年 6 月第 1 版第 1 次印刷，第 6 页图四、第 216~217 页。

[2] 朱凤瀚：《论梁带村芮国墓地出土青铜器与相关问题》，载陈燮君、王炜林主编：《梁带村里的墓葬———份公共考古学报告》，北京：北京大学出版社，2012 年 5 月第 1 版第 1 次印刷，第 154~165 页。

[3] 段姝杉、陈丽新：《叶家山西周墓地国际学术研讨会综述》，《江汉考古》2014 年第 1 期，第 125~128 页。

[4] 刘尊志：《徐州汉墓与汉代社会研究》，北京：科学出版社，2011 年 6 月第 1 版第 1 次印刷，第 33 页。

[5] a. 河南省商丘市文物管理委员会等编著：《芒砀山西汉梁王墓地》，北京：文物出版社，2001 年 8 月第 1 版第 1 次印刷，第 36、70 页；b. 河南省文物考古研究所：《永城西汉梁国王陵与寝园》，郑州：中州古籍出版社，1996 年 8 月第 1 版第 1 次印刷，第 218~219 页。

汉墓也是中山王刘胜墓居右（南），夫人墓居左（北）[1]
（以墓主头西计）；长沙马王堆汉墓也是轪侯利苍墓居
西，其妻辛追墓居东[2]（以墓主头北计）。《明会典》卷
九十《礼部·陵坟等祀·陵寝》言"懿文太子陵在孝陵
之左"[3]，亦表明明人祖孝陵居西边尊位，而太子孝东
陵居东之卑位。以中国古代中原文明核心地区盛行仰
身直肢、头北足南的葬式计，男西女东实际上就是男
右女左，这种安排即为尚右的表现。中国古代几千年
间礼仪与职官等方面尚左尚右屡有变易，并不固定，
但商代及其以前的上古时期主要是尚右。[4]殷人高祖、

---

[1] 中国社会科学院考古研究所编辑：《满城汉墓发掘报告》（上），北京：
文物出版社，1980年10月第1版第1次印刷，第8页图三、第
336~337页。

[2] 湖南省博物馆、湖南省文物考古研究所编著：《长沙马王堆二、三
号汉墓》（第一卷），北京：文物出版社，2004年7月第1版第1次
印刷，第3页图二、第237~240页。

[3] 〔明〕李东阳等奉敕撰，〔明〕申时行等奉敕重修：《大明会典》（卷
九十）（明万历十五年二月内府刊本），1587年3月第1版第1次印
刷，第7页。

[4] 晁中辰：《尚左、尚右辨》，《中国史研究》1988年第2期，第
155~160页。

先公的宗庙也建在西面，称为"又（右）宗"[1]，以示尊崇。刘一曼先生在考证《花东》（全名：《殷墟花园庄东地甲骨》）290（H3：876）之"右示"与"西乡"时云："古代的宗庙建筑一般是坐北朝南。宗庙中'示'之安放是分左、右的：右边（西半部）为'右示'；左边（东半部）为'左示'。按古代习惯，右为大，左为小，故'右示'一般多为重要先祖。而该版卜辞恰为此作了证明：该版第2辞云'印于右示'；第7辞云'翌酌大乙'，'大乙'是开国之君，自然在'右示'。"[2]此论最得古礼尊右之真谛。至于丧葬尚右的原因，《仪礼·士昏礼》："主人筵于户西，西上，右几"；郑玄注："筵，为神布席也，户西者，尊处"，"席西上右设几，神不统于人席"；贾公彦疏："云户西者，以户西是宾客之位，故

---

[1] a. 郭沫若：《殷契粹编》，北京：科学出版社，1965年5月第1版第1次印刷，第354页；b. 朱凤瀚：《殷墟卜辞所见商王室宗庙制度》，《历史研究》1990年第6期，第3~19页。

[2] 刘一曼、曹定云：《再论殷墟花东H3卜辞中占卜主体"子"》，载北京大学考古文博学院编：《考古学研究（六）：庆祝高明先生八十寿辰暨从事考古研究五十年论文集》，北京：科学出版社，2006年12月第1版第1次印刷，第300~307页。

为尊处也，必以西为客位者，以地道尊右故也"。[1]《仪礼·燕礼》郑玄注："既酌右还而反，往来以右为上"；贾公彦疏："云以右为上者，谓在洗南西面及阶上北面时，先者在右，地道尊右故也"。[2]《周礼·天官冢宰》贾公彦疏："又云'左祖右社者'，此据中门外之左右。宗庙是阳故，在左；社稷是阴，故在右。"[3]宋易祓《周官总义》："雉门之外，库门之内，右建社稷，尊之也；左建宗庙，亲之也。右，阴也，地道尊右，而社稷为地之道，故右之；人道尚左，而宗庙为人之道。"[4]《仪礼·既夕》："祝降与夏祝交于阶下"；郑玄注："吉事交相左，凶事交相右"。[5]墓葬深埋于地下土中，以"地

[1] 《十三经注疏》整理委员会整理：《仪礼注疏卷第四·士昏礼第二》，北京：北京大学出版社，2000年12月第1版第1次印刷，第69页。

[2] 《十三经注疏》整理委员会整理：《仪礼注疏卷第十四·燕礼第六》，北京：北京大学出版社，2000年12月第1版第1次印刷，第303页。

[3] 《十三经注疏》整理委员会整理：《周礼注疏卷第一·天官冢宰第一》，北京：北京大学出版社，2000年12月第1版第1次印刷，第5页。

[4] 〔宋〕易祓：《景印文渊阁四库全书·经部八六·礼类·周官总义》（卷十二）（清乾隆四十六年版），第九二册，台北：台湾商务印书馆，2008年12月第1版第1次印刷，第400页。

[5] 《十三经注疏》整理委员会整理：《仪礼注疏卷第三十八·既夕礼第十三》，北京：北京大学出版社，2000年12月第1版第1次印刷，第838页。

道尊右"言之，理当尊右，故几千年来夫妇并葬时，夫穴常处西，而妻穴常处东。清毛奇龄《北郊配位尊西向议》云："庙位设主，考西妣东。"[1]清初万斯同《庙制图考》亦云："或问朱子祫祭考妣之位如何？答曰：太祖东向，则昭穆之南北向者，当以西方为上，则昭之位次，高祖西而妣东，祖西而妣东是祖母与孙并列，于体为顺，若余正父之说，则高祖东而妣西，祖东而妣西，则是祖与孙妇并列，于体为不顺。"则宗庙祭祀夫妇神主位向与墓地墓位同[2]，皆以西为尊。

北方一些少数民族也有尊西（右）的传统。松花江下游的赫哲族"炕的部位有尊卑的分别：西炕为客，南炕为主，北炕为奴，西炕为最尊敬之地，招待宾客，祭神，供祖先都在西炕上。如富户有正屋三间，则西面的一间作为上屋，为家主所居，……西炕上只安放尊敬与贵重之物；最上层为祖先的偶像及其他的

---

[1] 〔清〕毛奇龄：《景印文渊阁四库全书·史部四二○·政书类·北郊配位尊西向议》（清乾隆四十六年版），第六六二册，台北：台湾商务印书馆，2008年12月第1版第1次印刷，第162页。

[2] 〔清〕万斯同：《景印文渊阁四库全书·史部四二○·政书类·庙制图考》（清乾隆四十六年版），第六六二册，台北：台湾商务印书馆，2008年12月第1版第1次印刷，第184页。

神位……"[1] 同样的传统也见于蒙古族。蒙古游牧家庭通常只有两个或三个蒙古包，最大的——也是家主所居——坐落于最西（右），其他蒙古包则往东（左）延伸，最后一个则是厨房、仓库或其他。[2] 满族八旗亦有此传统，即使入关后，亦相承不辍。清福格《听雨丛谈》卷六"以西为上"条云："八旗祭祀，位设于西。盖古人神道向右之义。"[3]《魏书》等传世文献则记载拓跋鲜卑祀天于都城平城西郊[4]，其云："太祖登国元年，即代王位于牛川，西向设祭，告天成礼。天兴元年，定都平城，即皇帝位，立坛兆告祭天地。……祀天之礼用周典，以夏四月亲祀于西郊，徽帜有加焉。"上述北方少数民族以西右为尊的习俗不一定与中原地区传统的尊西右礼制有直接关联，但或与均处于北半球，

---

[1] 凌纯声：《松花江下游的赫哲族》，上海：上海文艺出版社，1990 年 12 月影印，第 78~79 页。

[2] 札奇斯钦：《蒙古文化与社会》，台北：台湾商务印书馆，1987 年 11 月第 1 版第 1 次印刷，第 66 页。

[3] 〔清〕福格：《听雨丛谈》，北京：中华书局，1984 年 8 月第 2 版第 1 次印刷，第 137 页。

[4] 魏收：《魏书卷一百八之一·礼制四之一第十》，北京：中华书局，2017 年 1 月第 1 版第 1 次印刷，第 2986 页。

太阳均为东升西落等自然现象引起的认为死去亲属魂灵归去西方神界等某些精神信仰有关。